Zu diesem Buch

Die extrovertierte Schauspielerin und der zurückhaltende Schriftsteller durchleben gemeinsam eine stürmische Zeit mit allem, was dazugehört: Eifersüchte, Stimmungswechsel, Mißverständnisse und Versöhnungen. Adele Sandrock ist die Werbende in diesem Spiel – und wird doch als «Choristin» oder «süßes Mädel» behandelt. Arthur Schnitzler dagegen stört sich an der routinierten Sinnlichkeit einer ihm allzu erfahren scheinenden Frau, einer Sinnlichkeit, die womöglich nicht ihm allein gilt.

Der Autor

Friedrich Rothe, geboren 1939, ist Literaturwissenschaftler an der Freien Universität Berlin und Leiter der Galerie am Savignyplatz. Er schrieb Bücher und Aufsätze über Frank Wedekind und die Zeit des Jugendstils sowie zur Geschichte der deutschen Literatur.

Friedrich Rothe

Arthur Schnitzler
und
Adele Sandrock

Theater über Theater

Rowohlt Taschenbuch Verlag

PAARE   Herausgegeben von Claudia Schmölders

Einmalige Sonderausgabe Oktober 1998

Veröffentlicht im Rowohlt Taschenbuch
Verlag GmbH, Reinbek bei Hamburg,
Oktober 1998
Copyright © 1997 by
Rowohlt · Berlin Verlag GmbH, Berlin
Alle Rechte vorbehalten
Umschlaggestaltung Notburga Stelzer
(Fotos: Arthur Schnitzler, Estate, Wien;
Adele Sandrock, Ullstein Bilderdienst, Berlin)
Gesamtherstellung Clausen & Bosse, Leck
Printed in Germany
ISBN 3 499 22537 9

Inhalt

«Das Märchen» am Anfang

«Ich hatte viel zu hören, ich war im Theater Porte Saint-Martin bei Sarah Bernhardt. Bin etwas müde und wüst davon, von acht bis halb ein Uhr Hitze und Höllenschaustück, aber es war der Mühe wert. Wovon soll ich nun anfangen, Dir zu erzählen?» schrieb Sigmund Freud seiner Verlobten Martha Bernays am 8. November 1885 aus Paris. Das Theater gab ein Stück des damals vielgespielten Victorien Sardou namens «Theodora»: «Ein prunkvolles Nichts», fuhr Freud fort, «herrliche byzantinische Paläste und Kostüme, ein Stadtbrand, Aufzüge von Bewaffneten und was Du willst, sonst kaum ein Wort, das man sich merken wollte, Charakteristik läßt einen ganz kalt.» Natürlich spielte Sarah Bernhardt die Hauptrolle: «Aber wie spielt diese Sarah! Nach den ersten Worten einer innigen, lieben Stimme war mir, als hätte ich sie seit jeher gekannt. Ich habe noch keine Schauspielerin gesehen, die mich so wenig überrascht hätte, ich habe ihr sofort alles geglaubt.»

Theater und Schauspiel waren damals ein Spiegel der Zeit, eine Stätte der europäischen Schaulust. Noch gab es kein Kino, dafür aber unterschiedlichste theatralische Einrichtungen. Zusammen mit den explosionsartig wachsenden Städten, vor dem Hintergrund der unaufhaltsamen Industrialisierung, wuchs auch das Unterhaltungsbedürfnis derer, die es sich wirklich oder eben gerade noch leisten konnten.

«Wir haben vier Francs für den Sitz bezahlt und waren dafür im Stalles d'orchestre untergebracht, was ich ohne weiteres mit Orchesterstall zu übersetzen bitte», schrieb Freud. «Man sah und hörte ausgezeichnet, aber ich glaube, im Grab hat man mehr Platz und ist, weil ausgestreckt, bequemer.»

Das Theater der Gründerzeit wurde zum Ort der gesellschaftlichen Repräsentation. Mit der neuen Gewerbefreiheit waren die Privilegien der Hoftheater aufgehoben, private Spielstätten in freier Konkurrenz schossen aus dem Boden: zwischen 1870 und 1885 allein im Deutschen Reich einhundertvier. Die Zahl der Kompagnien verdoppelte, die der Bühnenangehörigen verdreifachte sich. Hatte Berlin noch 1859 wie Wien nur sieben Theater, so waren es 1885 schon einundzwanzig – Ausweis einer Hauptstadt des Theaters im deutschsprachigen Raum.

Auf den anspruchsvollen Bühnen florierten Mord- und Greueltaten, rauschhafte Staatsaktionen in historischen Kostümen, beklatscht von Zuschauern in großer Toilette dicht bei dicht.

«Um acht Uhr ging es los, das Stück hat fünf Akte oder acht Tableaux, nach dem ersten Akt hatte sich eine Hitze zum Eiersieden entwickelt, die allmählich anstieg und gegen Ende des Stücks überhaupt nicht mehr zu bezeichnen oder zu ertragen war. Und nun die elende Großmannssucht der Franzosen, einem durch viereinhalb Stunden Theater zu geben sowie beim Essen durchaus fünf oder sechs Gänge. Ein Ding rasch durchgenießen, wobei das Interesse einem über die Müdigkeit weghilft, ist ihnen zu plebejisch…»

Ungekrönte Königin dieser Spektakel war aber die Schauspielerin, diese märchenhafte Inkarnation der Frau als wandelbares Wesen, als verführerische Kokotte, tragische Dirne und was an Männerphantasien sonst noch denkbar war. Sarah Bernhardt wie Eleonora Duse, Charlotte Wolter wie Tilla Durieux lieferten Lebensvorlagen sowohl für die jungen Mädchen der Zeit, die sich aus ärmlichen oder auch nur engen Verhältnissen herauswünschten und im Dasein eine Rolle spielen wollten – wie später eine Carola Neher –, aber auch Inspirationen für die männlichen Zuschauer, die solche

Königinnen gern in ihrem Bett und sich als König daneben gesehen hätten und oft genug auch sahen.

«Ich habe nie eine komischere Figur gesehen als Sarah Bernhardt im zweiten Tableau, wo sie im einfachen Kleid erscheint», schrieb Freud an Martha, «ich übertreibe gar nicht, und doch mußte man bald aufhören zu lachen, denn jeder Zoll an dem Figürchen lebte und bezauberte. Dann ihr Schmeicheln und Bitten und Umarmen; es ist unglaublich, was sie für Stellungen annimmt, wie sie sich um eine Person schmiegt, wie sie mit jedem Glied und jedem Gelenk agiert. Ein merkwürdiges Wesen, und ich kann mir denken, daß sie im Leben gar nicht anders zu sein braucht als auf der Bühne.»

Voilà – das eben hoffte der Zuschauer ganz allgemein und zur Jahrhundertwende erst recht. Das «Rätsel Weib», das Freud zu seinem imposanten Denkgebäude und Schnitzler zu seinen Stücken inspirieren sollte, beherrschte Kunst und Literatur damals in fast unglaublicher Monotonie. Das Weib erschien in jederlei Gestalt, teils als Figur, teils als Design auf Tapeten und Buchumschlägen. Das Phantasma schwankte zwischen Kindfrau und Mannweib, ängstlicher Jungfrau und vollbusiger Mutter, grausiger Sphinx und beschützender Madonna, todverfallener Märchenprinzessin und verkommener Dirne. Die Männerphantasie wünschte sich zwar Abwechslung und Vielfalt, am liebsten aber alles auf einmal in einer Person.

«Sie spielt fast das ganze Stück. Im ersten Tableau gibt sie auf einem ‹Thronsofa› liegend Audienz mit gelangweilter, herrischer Gebärde und nimmt den in Ungnade gefallenen Belisar zu Gnaden auf. Im zweiten besucht sie unerkannt ihre Amme, die im Zirkus Menageriewärterin ist, spielt mit einem hinter Stroh versteckten Tiger und scheint das Leben recht zu genießen, wenn sie Zwiebeln schälen hilft und das frugale Mahl der Amme teilt. Im dritten besucht sie gleichfalls unerkannt als Myrtha ihren Geliebten in seinem Garten…», und so weiter und so fort. Man sieht, das Stück ist der Bernhardt auf den Leib geschrieben und erlaubt ihr größtmögliche Verwandlung, dabei ist sie aber, wie Freud bemerkt, «im Stück einfach femme qui aime». Nicht weit entfernt vom «süßen Mädel» aus der Wiener Szene, in der Freud und Schnitzler zu Hause sind, und wo sich Schnitzler und die Sandrock im Jahr 1893 treffen.

Der Anfang war so typisch «wienerisch» und kulissengerecht wie nur denkbar. Im Kaffeehaus hört Arthur Schnitzler von seinem Intimus Felix Salten, der sich gerade vom bescheidenen Kontoristen zum Theaterkritiker mausert, daß die Sandrock von seinem Stück «Das Märchen» entzückt sei. Salten hat es von Hermann Bahr, der schon seit einem Jahrzehnt in ganz Europa der sogenannten Moderne nachspürt und viel darüber geschrieben hat. Bahr ist mit Wilhelmine, der hübschen Schwester der Sandrock, liiert, ebenfalls Schauspielerin und sogar schon seit zehn Jahren am Burgtheater engagiert. «Das Märchen» ist vom Deutschen Volkstheater unter dem Aspekt der Nachwuchspflege angenommen, und Schnitzler sieht mit einiger Sorge, wie die Aufführung seines ersten abendfüllenden Werkes besetzt werden wird. Die Schauspieler reißen sich nicht gerade um Rollen bei einem Stück, das vermutlich nicht sehr oft auf dem Spielplan stehen wird. Vom Debüt des kaum bekannten Autors versprechen sie sich wenig, denn Stücke der neuen naturalistischen Richtung kommen beim Publikum selten gut an. Die vorgesehene Hauptdarstellerin Bertha Hausner hat mit der fadenscheinigen Begründung, sie verstünde «Das Märchen» nicht, bereits abgesagt. Adele Sandrock hingegen will diese Rolle gern spielen, nicht obwohl, sondern weil das Stück, darin sich junge Männer freimütig über ihr Liebesleben unterhalten, skandalträchtig ist und von der üblichen Routine abweicht. Sie liebt das Risiko und holt gern Kastanien aus dem Feuer. Schnitzler kann gar nichts Besseres passieren, und er macht sich bald zu einem Besuch bei der Diva auf, die auf einer Beletage in der Operngasse 14 residiert. Er trifft jedoch nur die Mutter an, die schon von ihm und seinem Stück gehört hat.

Diese Frau, kaum weniger eigensinnig als ihre berühmte Tochter, erscheint ihm auf den ersten Blick noch «holländisch, liebenswürdig». Etwa vier Wochen später beginnen die Proben, die nicht mehr als sechs Tage dauern. Schnitzler sitzt mit am Regietisch; Szenen aus seinem Leben, die er mit dem Stück zu bewältigen versucht hat, ziehen an ihm vorüber. Er fühlt sich wohl wie selten. Schon bei der ersten Probe ist er vom Spiel der Sandrock begeistert, und die Diva signalisiert unmißverständlich, wie sehr der schüchterne Herr sie interessiert. Vor allem auf dem Nachhauseweg kommt man sich näher.

Als sie einander begegnen, sind Adele Sandrock und Arthur Schnitzler beide über dreißig und in Liebesdingen keineswegs unerfahren. Und doch wird daraus eine Fahrt ins Unbekannte, ein Abenteuer mit ungewissem Ausgang. Die Sandrock, trotz hoher Gagen immer verschuldet, besitzt keinen anderen Reichtum als ihre Schauspielkunst und die lebendige Ausstrahlung, wenn sie sich bei Premierenfeiern, Presseterminen oder Spazierfahrten im Prater außerhalb der Bühne öffentlich zeigt. Die Public Relations beherrscht sie ohne Beratung aus dem Effeff. Sie verkörpert den rücksichtslosen Typus einer erfolgreichen Diva, der nichts geschenkt wurde. Arthur Schnitzler dagegen, der Mediziner, muß das Geldverdienen nicht allzu wichtig nehmen. Er leistet sich die Muße für Dinge außerhalb seines Berufes und hält Distanz zur offiziellen Kultur. Insgeheim verachtet er den in Wien blühenden Historismus der Gründerzeit, der sich der monumentalen Kunst vom alten Ägypten bis hin zum Barock Kaiser Karls VI. bedient, als «Banalität des Großen». Er verklärt die Vergangenheit nicht wie sein Kollege Hofmannsthal, noch blickt er erwartungsvoll in eine sonnenhelle Zukunft wie der Norddeutsche Richard Dehmel, der damals unbestritten größte zeitgenössische Lyriker Deutschlands. Anders auch als Gerhart Hauptmann, Frank Wedekind und Karl Kraus, die im Namen der Natur, des Sexus oder des «Ursprungs» die bürgerliche Gesellschaft angreifen, hält er keine Kraft für fähig, hier Platz für menschlichere Verhältnisse zu schaffen.

Im Herbst 1893 beginnt also die Beziehung zwischen der Diva und dem Dichter und gerät ohne Schonfrist ins Licht der Wiener Öffentlichkeit. Die Premiere des «Märchen» am 1. Dezember nimmt einen stürmischen Verlauf und liefert neuen Stoff für Gerüchte über den skandalumwitterten Star, dessen Privatleben mit aufreizenden Bühnenauftritten konkurriert.

Adele Sandrock, die nie ohne Anstandsdame auftritt, sich noch am Ende ihres Lebens als Fräulein ansprechen läßt und bei jedem Verstoß aus der Haut fährt, genießt seit dem Oktober 1889 in Wien die Aura eines Vamps. Wenn sie als verführerische Sünderin in einem Stück von Sardou oder Ganghofer auftritt, vergessen die Knaben ihre Schularbeiten und die erregten Greise riskieren einen Herzschlag. Das Theater an der Wien, eine zweitrangige Spielstätte in Vorstadtnähe, war der Ort ihres Triumphes, der sie, selbst für Wiener Verhältnisse außergewöhnlich, über Nacht zum Star werden ließ. In der «Affaire Clemenceau», einem heute vergessenen Stück von Alexandre Dumas, dem Autor der «Kameliendame», die sich durch Verdis Oper «La Traviata» bis heute auf der Bühne gehalten hat, spielte sie eine junge polnische Aristokratin von strahlender Schönheit, die im Laufe eines Theaterabends einen rasanten Abstieg erlebt. Die Mutter verkuppelt sie aus unersättlicher Geldgier mit immer neuen Liebhabern, bis sie zur trinkenden Prostituierten absinkt und schließlich von ihrem Ehemann, einem Bildhauer, erdolcht

Als Iza Dombronowska, eine junge polnische Aristokratin, begeisterte Adele Sandrock in «Affaire Clemenceau» von Alexandre Dumas die Wiener und wurde im Oktober 1889 über Nacht zum Star.

wird, der sie zwar immer noch liebt, aber ihren Verfall nicht ertragen kann.

Bereits die Vorgeschichte dieser Premiere sorgte für Aufsehen, weil der Impresario Franz Jauner sein Prestige zu heben gedachte, indem er für dieses Stück Burgtheaterschauspieler engagierte, aber die vorgesehene Hauptdarstellerin Knall und Fall vor die Tür gesetzt hatte. Die Sandrock war sehr kurzfristig auf Empfehlung hin engagiert worden und mißfiel dem Direktor bei den Proben; die Rolle hatte ihr durchaus Mühe bereitet. Aber es war eine Aufgabe ganz nach ihrem Herzen, dieses Schicksal der Iza, bei der jugendlich aristokratischer Glanz in Laszivität und Alkoholismus verkommt. Sittliche Vollkommenheit von Figuren, die sie auf der Bühne zu verkörpern hatte, kümmerte sie wenig. Sie spielte gern die heitere Minna von Barnhelm, die rührende Jane Eyre in «Die Waise von Lowood», Hero in Grillparzers «Des Meeres und der Liebe Wellen»; aber die Rolle einer Sünderin oder gar Verbrecherin lehnte sie im Unterschied zu vielen Kolleginnen nicht ab. Sie fürchtete nicht wie diese, als Person mit der Figur auf der Bühne verwechselt zu werden und dadurch Sympathien beim Publikum zu verlieren. Alles wollte die Sandrock sein, nur nicht langweilig.

Die sensationelle Premiere im Oktober 1889 machte die Schauspielerin, obwohl sich die Presse zunächst reserviert gab, in Wien ungewöhnlich populär. Die Sandrock, buchstäblich über Nacht zum Star geworden, sonnte sich in diesem Glück.

Arthur Schnitzler hat den Abend und die Beifallsstürme miterlebt. Er, den der Beifall der Menge sonst eher skeptisch stimmt, ist genauso hingerissen wie alle andern. Der Auftritt der Sandrock ist für ihn etwas derartig Neues, daß er darüber vergißt, welche Rücksicht er seiner «Seelenfreundin» Olga Waissnix schuldet, die unglücklich in Reichenau an der Seite eines eifersüchtigen Gatten lebt. Allein um die neue Diva zu bestaunen, mutet er ihr eine Reise zu:

«Im übrigen kommen Sie bald nach Wien, und wäre es auch nur um sich die Affaire Clemenceau anzusehen, in welcher die Sandrock einfach hinreißend spielt. Die Zeitungen sagen nicht genug: sie war der Baudius nicht nur ebenbürtig, sie übertraf sie.»

Die Baudius gehörte damals zu den ersten Kräften des Burgtheaters – wenn die Sandrock sie übertraf, war damit alles über ihr Können gesagt. Als Avantgardeautor, der eine erste Chance hat, konnte sich Schnitzler keine engagiertere Darstellerin für seine Fanny Theren wünschen. Diese Hauptfigur im «Märchen» sagt sich nach innerem Kampf von der Liebesleidenschaft ihres empfindsamen Dichters, der sie im Grunde verachtet, los und schlägt den eigenen Weg in eine beifallumrauschte, aber ungewisse Theaterkarriere ein. Diese antibürgerliche Frauengestalt, stolz, impulsiv und zerrissen, kam umgekehrt auch der Sandrock gerade recht.

Der Ort ihres Wirkens, das Deutsche Volkstheater, war der heute noch erhaltene gründerzeitliche Prachtbau, der 1889, nur ein Jahr nach dem Neubau des Burgtheaters, am 14. September eröffnet worden war. Als bürgerliches Pendant zur berühmten k. u. k. Institution erwartete man ein breiteres und nicht so zahlungskräftiges Publikum, und im Repertoire sollte es auch Volksstücke wie die sozialkritischen von Ludwig Anzengruber geben. Anzengrubers «Der Fleck auf der Ehr» als Eröffnungspremiere erinnerte an den kurz zuvor verstorbenen Autor und markierte zugleich den Unterschied zum Burgtheater. Die Gründung dieses Theaters, vom Wohlwollen des Hofes und auch der städtischen Behörden begleitet, fiel mit dem Triumph der Sandrock in der Vorstadt fast zusammen. Von Direktor Bukovics auf der Stelle engagiert, sollte sie hier vor allem in Virtuosenrollen brillieren; durch ihr Spiel brachte sie Autoren zu Ansehen, deren Stücke es von allein nicht geschafft hätten. Aus Dank-

Das Deutsche Volkstheater in Wien, eröffnet 1889, als bürgerliches
Pendant zum Burgtheater.

barkeit schrieben sie ihr wiederum ganze Stücke auf den Leib, wie der noch heute als Heimatschriftsteller bekannte Ludwig Ganghofer, durch Luis Trenkers Film «Die Geier-wally» mit Heidemarie Hatheyer in der Hauptrolle unsterb-lich geworden. Am wichtigsten waren der Sandrock aber interessante moderne Stücke mit starken Frauen, die sich widersetzen und gesellschaftliche Normen nicht gelten las-sen. Eine solche Heldin war Rebekka West in Henrik Ibsens «Rosmersholm» (1886), eine eigentlich unspielbare Rolle, mit der die Sandrock aber ihr Publikum in atemloser Span-nung hielt. Von Fanny Theren in Schnitzlers «Märchen» ver-spricht sie sich eine ähnliche Wirkung wie bei dem Ibsen-Drama. Auch hier will sie Widerstände des Publikums be-siegen, denn sie weiß, daß es ohne diese anfängliche Aversion beim Publikum keinen wirklich großen Erfolg geben kann.

Schnitzlers erstes dreiaktiges Drama folgte auf die «Anatol»-Einakter: sie hatten ihn unter literarischen Kennern bekannt gemacht. Anfang 1893 waren sie zum erstenmal als Zyklus erschienen, versehen mit einleitenden Versen des blutjungen Hugo von Hofmannsthal, deren berühmt gewordene Zeile «Frühgereift und zart und traurig» genau die Stimmung des «Jungen Wien» traf. «Das Märchen» dagegen konnte es an Brisanz mit Wedekinds «Frühlings Erwachen» aufnehmen, das zur selben Zeit entstand, aber erst fünfzehn Jahre später aufgeführt wurde.

Daß der Theatergewaltige von Bukovics ein so problema-tisches Stück zur Aufführung angenommen hatte, war nicht nur ein Erfolg für den Autor. Es hatte auch Signalwirkung für das kulturelle Klima Wiens. Denn es bestärkte die jun-gen Autoren am Stammtisch im Café Griensteidl, die unter der Bezeichnung «Jung-Wien» oder gar «Jung-Österreich» mehr berüchtigt als berühmt wurden. Seit dem Frühjahr 1891 tagten sie jeden Dienstag. Etwa achtzehn junge Leute gehörten dazu; Hermann Bahr und Arthur Schnitzler waren

als Endzwanziger bei weitem die ältesten. An den Neben-
tischen saßen die Autoritäten der österreichischen Gründer-
zeitliteratur, deren damals klangvolle Namen heute niemand
mehr nennt, und fühlten sich durch diese Versammlung gestört. Das «Griensteidl» am Michaelerplatz, mit dem man
den Anbruch der Fin de siècle-Stimmung im Wien der Jahrhundertwende so oft identifiziert, war kein Café «Größenwahn», in dem alles erlaubt war, und erst recht kein Eldorado für «Jung-Wien», sondern eher Feindesland, in dem es
sich zu behaupten galt. Als besonders prunkvolles und weit-
räumiges Kaffeehaus, das seit 1847 unter der Regie von Su-
sanna Griensteidl das kulturelle Wien versammelte, war es
vielmehr eine Bastion des Wiener dekorativen Eklektizis-
mus. Hierher kamen bildende Künstler, Musiker, Literaten,
Schauspieler und Sänger der Hoftheater und trafen sich
mit den führenden Köpfen der Presse. Die Räumlichkeiten
waren bestimmten Sparten vorbehalten, wo man sich zunächst unter sich traf; aber der direkte Austausch von Kultur und Öffentlichkeit ließ nichts zu wünschen übrig. Mühelos hatten die Presseleute mitten im Café teil am kulturellen
Geschehen, und die Kulturschaffenden konnten sich infor-
mieren, welche aktuellen Stimmungen in den Höhen der
Gesellschaft gerade vorherrschten. An dieser Kulturbörse
konnte man die intime «Nervenkunst» und die dazugehörigen Umgangsformen der jungen Dandys gerade noch tole-
rieren, weil sie meist aus angesehenen und wohlsituierten Familien kamen.

Unbestrittener Mittelpunkt dieses Kreises war Loris, der
noch nicht sechzehnjährige, hübsch anzusehende Gymnasiast Hugo von Hofmannsthal; er wurde von seinem Vater
begleitet, der in Sichtweite Platz nahm, aber sich auch nicht
scheute, hin und wieder mit hoffnungsvollen Kameraden
seines Sohnes zu sprechen. Diese friedliche Koexistenz mit
dem Elternhaus ist bei dem jungen Hofmannsthal, der zudem eine strenge Schulordnung zu beachten hat, auffällig;

Im Café Griensteidl am Michaelerplatz, Großer Lesesaal (1897). Dieses Kaffeehaus, das von 1847 bis 1897 existierte, war kein Eldorado der «Modernen», vielmehr ein Treffpunkt für Etablierte in Kunst, Literatur, Musik und Presse.

aber auch die andern gehen achtungsvoll mit ihren Vätern um. Das «Junge Wien» reibt sich zwar an einer autoritätsfixierten, überlebten Gesellschaft und belächelt die rhetorische Flachheit der bürgerlich-liberalen Versuche, dies durch politische Reformen zu ändern. Ihre Elternhäuser jedoch, die das Treiben der Söhne mehr oder weniger wohlwollend verfolgten und es auch finanziell unterstützten, wurden von den Jungen ihrerseits – womöglich deshalb – toleriert.

Jedenfalls stand am 9. August dieses Jahres im Feuilleton der «Frankfurter Zeitung», die natürlich auch im Griensteidl ausliegt, von Loris zu lesen: «Wir haben nichts als ein sentimentales Gedächtnis, einen gelähmten Willen und die unheimliche Gabe der Selbstverdopplung. Wir schauen unserem Leben zu... Heute scheinen zwei Dinge modern zu sein: die Analyse des Lebens und die Flucht aus dem Leben. Man treibt Anatomie des eigenen Seelenlebens oder man träumt. Modern sind alte Möbel und junge Nervositäten. Modern ist das psychologische Graswachsenhören und das Plätschern in der reinphantastischen Wunderwelt.» Das waren Sätze über den italienischen Dichter Gabriele d'Annunzio, aber sie paßten.

Als am Abend des 1. Dezember 1895 der Vorhang des Deutschen Volkstheaters die Bühne für «Das Märchen» freigibt, hat auf zweitausend Sitzen ein erwartungsvolles Publikum Platz genommen. Die meisten sind zwischen skandalträchtiger Sensationsgier und moralischer Entrüstung hin und her gerissen.

Der Griensteidl-Habitué und spätere Musikschriftsteller Richard Specht schrieb dreißig Jahre danach: «Ich entsinne mich des Abends so gut. Wir jungen Leute waren voll fieberhafter Aufregung ins Theater gekommen, bange und froh zugleich: es galt einem aus unserem Kreise, sich auf der Bühne zu bewähren, ein neuer Dichter sollte gegrüßt werden – Würden sie ihn erkennen?»

Das Publikum reagiert empört über die freimütigen Gespräche, die auf der Bühne über den Wert der Jungfräulichkeit und vorehelicher sexueller Beziehungen geführt werden. Das Stück untergräbt angeblich die Gesellschaftsordnung, weil es die «Schranken zwischen den anständigen Frauen und denen, die es nicht sind» niederreißt. Die Entrüstung darüber will man aber dem Publikumsliebling Adele, die wieder einmal alle Register ihres Könnens zieht, nicht entgelten lassen: Sie wird nach dem zweiten Akt, den sie mit den Worten «Ich liebe dich... für alle Ewigkeit» beendet, dreimal hervorgerufen. Nach dem Schlußakt jedoch kommt es zum Tumult. Der spärliche Beifall geht in Zischen unter; es wird so viel auf Hausschlüsseln gepfiffen, daß der eiserne Vorhang auf ein Zeichen der Direktion rasch fällt.

Nach der zweiten Vorstellung, schlecht besucht, aber mit viel Beifall, hat die Direktion ihre Schuldigkeit getan und setzt das Stück ab. Die Familienväter können wieder beruhigt schlafen, denn ein Angriff auf das bürgerliche Sittlichkeitsempfinden wurde erfolgreich abgewehrt. Das Presseecho der stürmischen Premiere unterstreicht nahezu unisono den schlechten Ausgang des Wagnisses; auch Hermann Bahr begnügt sich wie andere Kritiker mit einem Loblied auf die sensible Kunst der Sandrock: «Aus den leisesten Winkeln des Dichters holte sie die heimlichsten Nuancen und half, wo er zaudert, mit malender, ratender Geste.» Bahr beklagt zwar nicht Schnitzlers Sittenlosigkeit, aber er hat Zweifel an der Aufführbarkeit des Stückes, weil es nicht effektvoll genug sei und offenbar mehr wolle, als es halten könne. Die feine Nuancierung Schnitzlers hält er eher für eine Kinderkrankheit des noch unerfahrenen Autors. Allgemein wird die Sandrock als unschuldiges Opfer der «brutalen Cochonnerie eines sittlich verwahrlosten Literaten» beklagt. Unüberhörbar sind die Stimmen der antisemitischen Blätter, die den Autor als dilettierenden Sohn einer jüdischen Arztfamilie anprangern.

Seit dem Ereignis, das im sonst noch so ruhigen Wien Wellen geschlagen hat, sind die Schauspielerin und der Dichter als Liebespaar im Gespräch. Schnitzler, die neue Laune der Sandrock, zieht ein Interesse auf sich, das er vorher nicht kannte.

Als Mediziner hatte Schnitzler bisher lediglich in Fachkreisen durch hypnotische Experimente Aufsehen erregt. Seine literarische Produktion, in kurzlebigen Zeitschriften erschienen oder von namenlosen Verlegern auf Selbstkosten gedruckt, war noch wenig bekannt. Manches, unter dem Pseudonym Anatol publiziert, konnte gar nicht mit seiner Person in Verbindung gebracht werden. Durch die Zeitungskritiken ist er nun als jüngerer Herr aus gutem Hause öffentlich vorgestellt, und man ist gespannt, wie der mit der Sandrock zurechtkommt. Nach einem Jahr wird sich sein Bekanntheitsgrad derart steigern, daß bei Adeles furioser Abschiedsvorstellung im Volkstheater ihr Partner Schnitzlers Maske trägt. Dies ist ein Gag, der allgemein verstanden wird und die Heiterkeit des Publikums ungemein hebt.

Nach der Niederlage des «Märchen» bewahrt die Sandrock eindrucksvoll Haltung. Sie spielt nicht die gekränkte Diva, wütend auf einen Autor, der sie um den gewohnten Beifall gebracht hat; sie betrachtet den Durchfall als gemeinsames Mißgeschick und bedauert, eine so wichtige Rolle wie Fanny Theren nicht öfter spielen zu können. Sie bestärkt Schnitzlers Vertrauen in die Ernsthaftigkeit ihres Künstlertums. Die Krise erschüttert ihre Beziehung nicht. Am Tag nach der Premiere empfängt sie Schnitzler vielmehr vormittags in ihrem Boudoir, das mit seinen großen Spiegeln, Plüsch und Vergoldungen die Bühneneinrichtung der «Kameliendame» an barocker Pracht überbietet. Im Bett liegend, erzählt sie dem überraschten Autor vertrauensvoll von ihrem Liebesleben, vor allem mit Max Burckhard, dem Direktor des Burgtheaters. Plötzlich küßt die Sandrock Schnitzler die

Hand und ist fast gleichzeitig empört: «Sie nehmen das so ruhig hin?» Im Wechselbad der Erregungen werden heiße Küsse und hastige, forschende Fragen nach Liebe getauscht. Hier sofort flammt die Vehemenz und Widersprüchlichkeit der Beziehung auf, ihr Gemenge von Begehren, Herrschenwollen und brüsker Distanz.

Vor einem Jahr hat sich die Sandrock zwar schroff von Max Burckhard getrennt, was sie auch Schnitzler in ihrem Boudoir versichert. Sie verschweigt jedoch kleinere Lieben. Schnitzler wiederum hat seine «wahre Liebe» Marie Glümer handgreiflich, aber nicht innerlich verabschiedet und tröstet sich mit einer Jenny. Adeles Frage und gleichzeitige Antwort «Bist du wem untreu? Tröst' dich ich auch» schildern in der ersten Liebesnacht die Situation unverblümt.

Wenn sie es auch nicht zugeben: beide sind keineswegs bereit, sich durch eine ausschließliche Beziehung zu binden. Die Sandrock, selbst eine Seitenspringerin, verlangt von ihren Liebhabern sexuelle Treue. So kommt es schon in der zweiten Liebesnacht zu einer heftigen Eifersuchtsszene, als die Diva Schnitzler entlockt, daß er nicht nur Marie Glümer nachhängt, sondern auch an dem «süßen Mädel» Jenny festzuhalten gedenkt. Schnitzlers Tagebuch verzeichnet, daß er gerade jetzt für das unkomplizierte Mädchen eine «Zärtlichkeit» empfindet «wie nie zuvor». So attraktiv die neue Geliebte für den depressiven Dichter ist, sie stimuliert nicht allein die Lust auf ein Abenteuer, das alles Vergangene in den Schatten stellt. Die neue Liaison mit ihren extraordinären Aufregungen verklärt die alten statt sie abzulösen. Schnitzler ist zwar der «Einzigste und Herrlichste», aber nicht der alleinige Liebhaber. Ein zärtliches Verhältnis verbindet die Sandrock mit Dr. Friedrich Elbogen, acht Jahre älter als Schnitzler und Rechtsanwalt in Wien, er schriftstellert auch, und noch im April 1893 hat die Sandrock sein Stück «Dämmerung» zu Bühnenehren gebracht. Aber auch der Pianist Alfred Grünfeld, kein Kind von Traurigkeit, und der Operettenkomponist Charles Weinberger sind ihr nicht gleichgültig. Besonders unheimlich wirkt auf Schnitzler ihre Beziehung zur schönen Olga Dvorak, einer jüngeren, alkoholgefährdeten Kollegin am Volkstheater, weil er vermutet, daß die Sandrock mit ihr nicht nur beträchtliche Mengen Cognac trinkt. Er hat eine tiefsitzende Vorstellung von weiblicher Reinheit, welche die Frau allenfalls einem Mann zuliebe aufgibt.

Die Sandrock als überlegene und erfahrene Frau spürt ihrerseits sehr schnell und schmerzlich, daß ihr bei dem aufmerksamen und leidenschaftlichen neuen Geliebten etwas fehlt. Von Anfang an hat sie mit einer Frau zu kämpfen, die für ihre praktische Lebensauffassung eher ein Phantom ist als eine Gegnerin aus Fleisch und Blut. Sie ist über Schnitzlers Verhältnis zu Marie Glümer beunruhigt.

Die Glümer, außerhalb Wiens engagiert, wird durch ihre Schwester Gusti, die Lehrerin, auf dem laufenden gehalten. Sie ist über Schnitzlers neue Liaison informiert und reagiert darauf mit nahezu täglichen Briefen voller Reue, Sehnsucht und Verzweiflung, daß es Schnitzler ergreift, auch wenn er ihr nicht nachgibt. Er muß diese Briefe immer wieder lesen und trägt sie als kostbaren Besitz mit sich herum. In seiner Brieftasche nimmt er sie auch zur Sandrock mit, obwohl er weiß, daß sie die Leibesvisitation als unantastbares Recht der Liebenden für sich beansprucht und praktiziert.

Nach fünf Wochen Liebschaft aber sind die Diva und ihr Dichter scheint's aufeinander eingespielt; Schnitzler hat sich an Adeles häusliches Wesen gewöhnt, und ihre gemeinsamen Stunden verbringen sie eher normal fast wie ein Ehepaar. Doch haben beide Sinn für extravagante Szenen. So holt die Sandrock einmal die Briefe der von ihr höhnisch verachteten «Choristin» aus Schnitzlers Brieftasche und liest sie «theilweise laut»; Schnitzler beginnt zu weinen. Beim Lesen wird auch die Rivalin vom Inhalt der Briefe ergriffen; und beide versinken in Tränen.

Doch auch nach solchen Szenen emotionalen Einklangs kehrt keine Ruhe ein. Die Zuneigung nimmt aber auch nicht wirklich ab. Was zwischen ihnen herrscht, heißt Mißverständnis, Machtkampf und Gesellschaftsspiel. Sie sind nicht das ideale Liebespaar, als das sie in der Öffentlichkeit erscheinen. Die unruhige Wanderschauspielerin und der behütete jüdische Honoratiorensohn bewegen sich auf dem schmalen Grat verschiedener Welten, und ihre Wünsche für die Zukunft lassen dem anderen keinen Raum: Die Sandrock imaginiert sich Schnitzler als Hausmann an ihrer Seite, der sie beruhigt und bei ihrer Arbeit am Theater unterstützt. Schnitzler schwebt eine Schriftstellerexistenz vor, die ihm vor allem Ruhe zur Arbeit beschert und ein zwangloses Zusammensein mit den Frauen, wenn ihm danach ist. Das traurige Ende besagt wenig über diese Liebesbeziehung. Es ist kein Kunststück, danach klüger zu sein. Ihr facettenreicher Briefwechsel und Schnitzlers Tagebucheintragungen geben tiefe Einblicke in die Verstrickung und ihre quälenden Versuche, sich zu verständigen und näherzukommen. Sie achten einander als Künstler, und dies ermöglicht ihnen die Begegnung. Aber für beide scheitert das Abenteuer, als Partner nach Gemeinschaft zu suchen und eine Fremdheit zu überwinden, die trotz leiblicher Anziehung von Anfang an besteht. So wächst dieser leidenschaftliche und ernste Versuch einer Liebe weit über die pikante Affäre hinaus, die zwei Jahre lang die Wiener Gesellschaft lebhaft unterhält.

Der gehorsame Sohn, am Abgrund

Verglichen mit der raumgreifenden Existenz der Sandrock, die an vielen Orten gelebt hatte und sich enorm be-
merkbar machte, wenn sie auftrat, lebte Schnitzler damals
auf einem anderen Stern. Öffentliche Resonanz war ihm
kein Lebenselixier, und er hielt Distanz zum Kulturbetrieb,
den er als notwendiges Übel kaum ertrug. So schrieb er im
Juni 1895 an Theodor Herzl, der damals ungeduldig auf die
Aufführung seines Stücks «Das neue Ghetto» in Prag warte-
te: «Wie schön ist es doch um unsre Kunst, solang wir mit
ihr allein bleiben und nicht das stechende Verlangen spüren,
die ganze Welt zu Zeugen unsrer Umarmungen zu machen.
– Zuerst Flammen, Einsamkeit und Begeisterung – dann –
Agenten, Verleger, Wanzen, Publikum.»

Schnitzler antwortete einem Schreiben aus Paris. Als Korrespondent der «Neuen Freien Presse» hatte Herzl im Jahr
zuvor den ersten Dreyfus-Prozeß miterlebt, in dem der Ar-
tilleriehauptmann vom obersten Kriegsgericht wegen Spio-
nage für die Deutschen verurteilt wurde. Das Urteil lautete
Degradation und lebenslängliche Deportation nach Cayen-
ne. Dreyfus war unschuldig, doch der Generalstab benutzte
seine elsässisch-jüdische Abstammung für eine antisemiti-
sche Kampagne größten Ausmaßes.

Ganz Frankreich war in die «Dreyfusards» und «Anti-
Dreyfusards» gespalten. Herzl, erschüttert über deren ver-
heerende Auswirkungen, erblickte nun in der dramatischen
Agitation für den Zionismus seine Mission, nachdem er zu-
vor einige erfolglose Lustspiele um Geld geschrieben hatte.
Schnitzler wollte ihn nicht abwimmeln, sondern antwortete

Arthur Schnitzler, Januar 1894.

ihm als Freund, der ihn bereits beim Fischer Verlag unterzu-
bringen versucht hatte.

In Erwartung der Aufführung «Liebelei» am Burgtheater
leidet nämlich auch er seit einem halben Jahr an einer ähnlichen Situation, und es geht ihm nicht wie dem Fuchs, der
die Trauben sauer nennt, weil er sie nicht erreichen kann,
wenn er vor übertriebenen Hoffnungen auf eine öffentliche
Wirkung warnt: sie wird niemals an die Intention des Autors
heranreichen.

Und der ist im Fall Schnitzler melancholisch von Grund
auf, aber zugleich auch ein analytischer Kopf. Aufmerksam
und in sich gekehrt, beobachtet er die Abgründe der Seele
und behandelt sich selbst als Studienobjekt, das immer zur
Verfügung ist. Ein umfangreiches Tagebuch, ein Leben lang
akribisch geführt, gibt darüber Auskunft. Aber auch für die
Mitmenschen entwickelt er einfühlsames, psychologisches
Interesse. Schon früh sieht er die Welt mit den Augen des
Melancholikers, doch seine Tage verlaufen gleichmäßig und
in geordneten Bahnen: Arbeit im Krankenhaus, geselliger
Umgang mit befreundeten Familien, aber auch Treffen im
Kaffeehaus, die nicht selten in exzessive Pokerpartien aus-
arten, Liebschaften und Theaterbesuche, träumerische, oft
stockende literarische Produktion, Klavierspiel.

Das war in der Studienzeit, vor jetzt fünf Jahren, noch
anders. Damals drohte ihm, der Medizin aus Folgsamkeit
gegenüber dem Vater und der Familientradition selbstverständlich auch nur in Wien studiert hatte, die Verwahrlosung: Alkohol und Glücksspiel. Zwar spürte der junge
Schnitzler seine Begabung, aber er wußte nicht wozu. Im
Vergleich zu seinem jüngeren Bruder Julius, dem später
berühmten Chirurgen, sah er sich als eher durchschnitt-
lichen Mediziner und in der Schriftstellerei als Dilettanten.
In dieser Krise verstand es der Vater, obwohl sonst wenig ein-
fühlsam, dem Sohn einen Halt zu geben. Bis ins hohe Alter

Arthur Schnitzler mit den jüngeren Geschwistern Julius und Gisela, Anfang der siebziger Jahre.

erschien dieser Vater ihm im Traum, bestrafte ihn für Über-
tretungen, aber spendete auch Trost. Ihr Verhältnis kam
über diese Ambivalenz nicht hinaus.

Was für ein Widerspruch der Charaktere!

Seit dem Aufstieg zur Diva im Herbst 1889 residiert die
Sandrock in einer Zwölf-Zimmer-Etage Operngasse 14.
Selbstverständlich kommt sie mit ihrer Gage für die Mutter
auf, unterstützt den Bruder Christoph und dessen Anhang, ja
teilweise sogar den Vater. Den hat der unerwartete Reichtum
seiner Tochter in den Schoß der Familie zurückgeholt. Der
Sandrock kommt kein Gedanke, daß es anders sein könnte:
Aus künstlerischer und ökonomischer Unabhängigkeit übernimmt sie auch die Verantwortung als Familienoberhaupt.

Dr. Schnitzler dagegen, obwohl als Dichter unabhängig
und in seinem Denken und Fühlen Dissident, sucht den
Schutz der Familie. Er lebt in einer verlängerten Pubertät,
die er durch elegante Kleidung und entsprechendes Auftreten zu kaschieren sucht. Er hat keine eigene Wohnung und
bestreitet, als Sekundararzt mit dreißig Gulden monatlich
kaum über dem Lohn eines Arbeiters stehend, seinen Unterhalt durch elterliche Taschengelder. Die wiederum muß
er durch das Redigieren der medizinischen Zeitschriften des
Vaters abarbeiten. 1893 ist Schnitzler einunddreißig. Aber
noch weist nichts darauf hin, daß er es sein wird, der als
Autor in Wien dem Ungeist der herrschenden Christlich-
sozialen Partei die Stirn bieten wird, eine einsame Größe, die
vor den Antisemiten nicht zurückweicht und ihre Angriffe
gelassen übersteht.

Arthur Schnitzler ist Sohn eines Aufsteigers aus kleinsten
Verhältnissen, der den beruflichen Erfolg verlängern will, indem er ohne viel Federlesens die Söhne dazu bringt, seinen
Beruf zu erlernen. Johann Schnitzler ist weiland aus der ungarischen Provinz nach Wien gekommen, um Medizin zu
studieren, und hat in eine renommierte und vermögende

Arztfamilie eingeheiratet. Ihm kommt niemals der Gedanke, daß er seinen ältesten Sohn zu einem medizinischen Epi-
gonen abrichtet, der bloß in die Fußstapfen eines – immerhin international anerkannten – Kehlkopfspezialisten treten
soll. Verglichen damit eröffnet dem jüngeren Bruder die
Chirurgie geradezu ein weites Feld, und Julius Schnitzler
wird bekannt für ungewöhnliche Operationen. Arthur aber
studiert und praktiziert unter den Augen seines Vaters, er
soll der Nachfolger werden. Wohin er kommt, ob in der
Wiener Gesellschaft oder auf seinen medizinisch orientier-
ten Reisen nach Berlin und London, immer wird er mit dem
Vater verglichen, der außerordentlich selbstbewußt auch ein
Talent besitzt, seine Kapazität gesellschaftswirksam zur
Schau zu stellen. Wenn der Dichter in sich gekehrt lebt und
eine Aversion gegen öffentliche Auftritte, Selbstreklame
und feierliche Reden hat, reagiert er auf dieses übermächti-
ge Vorbild. Von Kindesbeinen an hat er erlebt, wie beliebt
sein Vater bei den berühmten Schauspielern und Sängern
der Hoftheater ist. Sie gehen im Elternhaus aus und ein. Von
klein auf hat er den Umgang des Vaters mit aristokratischen
Kreisen und sogar einigen Fürstlichkeiten wahrgenommen.
Noch 1916, als er längst Wiens berühmtester Autor ist, zuckt
er zusammen, als die *grande dame* Pauline Metternich bei
einer zufälligen Begegnung in Erinnerungen an den Vater zu
schwärmen anfängt. 1861 hat sie als junge Frau den Kaiser
Napoleon III. dazu gebracht, Richard Wagners «Tannhäuser»
in Paris aufführen zu lassen, und ist nun fast so alt wie Kaiser Franz Joseph.

Dieser Johann Schnitzler hat aber nicht genug an der Medizin und der dazugehörigen gesellschaftlichen Rolle. Er will
im Sinne des nach 1866 selbstbewußten liberalen Bürgertums auch geistig führen. Er ist mit Moritz Benedikt befreundet, dem einflußreichen Besitzer der «Neuen Freien
Presse». Seine Zeitung ist in Wien beim Bürgertum mei-

31

nungsbildend und hat als Sprachrohr des k. u. k. Liberalismus manches an den österreichischen Verhältnissen auszusetzen. Die liberalen Kommentare dieser Zeitung sind alle gleich gebaut. Meist beginnen sie mit einem schroffen Auftakt, der das Prinzip klarlegt und fast eine Revolution proklamiert. Aber dann folgen notwendige Einschränkungen. Schließlich gelangt man zur Akzeptanz des Bestehenden, das freilich wiederum unter einem kritischen Blickwinkel gesehen werden muß, und so weiter. Vater Schnitzler ist förmlich gefangen von dieser Diktion des offiziellen Liberalismus, den er auch in Zeitungsartikeln vertritt. Selbst sein privater Umgang mit dem Sohn ist davon geprägt, und Arthur leidet unter diesen Verlautbarungen. Eine Perle ist seine Fassung des Hippokratischen Eides, immer zum Wohle des Kranken zu handeln: «Die Religion des Arztes ist die Humanität, d. h. die Liebe zur Menschheit, ohne Rücksicht auf Reichtum und Armuth, ohne Unterschied der Nationalität und der Konfession. Er soll daher immer und überall, wo der Kampf der Klassen und Rassen, wo nationaler Chauvinismus und religiöser Fanatismus herrschen als Apostel der Humanität – für Völkerfrieden und Menschenverbrüderung eintreten und wirken. Wer nicht so denkt, nicht so fühlt, ist kein wahrer, kein echter Arzt.»

Diese feierliche Formulierung kennzeichnet die hohen Ansprüche des Johann Schnitzler, und der Sohn denkt unausgesetzt darüber nach, wieweit sie auch in der Praxis, in der Realität gelten? Wie in vielen Pfarrhäusern und Lehrerfamilien, reizt zuviel Moralismus die Kinder zum Aufstand. Sie messen die elterliche Autorität im Alltag an deren tatsächlichem Verhalten mit entsprechendem Ergebnis. Nicht so Arthur: Er unterstützt als gehorsamer Sohn die vielseitigen Aktivitäten des Vaters und setzt sich selten gegenüber den väterlichen Ermahnungen zur Wehr; statt dessen zieht er sich zurück auf sich selber. Ohne falsche Bescheidenheit tritt er in den Hintergrund und nutzt diese

Schattenexistenz, um ein Leben jenseits der Öffentlichkeit zu führen. Er liebt die Wahrheit konkret, und die Lust, unter die Oberfläche zu dringen, befriedigt ihn mehr als eine glänzende gesellschaftliche Stellung. Der jüngere Bruder Julius, der samstags in der jüdischen Loge Bn'ai Bb'rith mit Sigmund Freud Tarock spielt, übernimmt in Schnitzlers Seelenhaushalt die Rolle der väterlichen Autorität. Man hat den Eindruck, daß der Bruder, der als Arzt außerordentlich angesehen ist und eine Ehe ohne Eskapaden führt, die bürgerlich-honorige Seite einer Existenz vertritt, nach der Schnitzler sich sehnt, für die er aber nicht geschaffen ist. Es tröstet ihn, daß wenigstens der Bruder dies erreicht hat; aber trotz gegenseitiger Hochachtung sprechen die Brüder selten offen miteinander.

Schnitzlers ärztlicher Alltag wird unterbrochen, als er im Herbst 1888 anfängt, sich mit Hypnose zu beschäftigen. Anlaß hierzu boten die Arbeiten der französischen Psychiater Charcot und Bernheim, die er in der väterlichen Zeitschrift «Internationale Klinische Rundschau» rezensiert hatte. Es gelingt ihm, durch Hypnose oder Suggestion Patienten zu heilen, die ihre Stimme verloren hatten, ohne daß organische Veränderungen an den Stimmbändern oder am Kehlkopf nachzuweisen waren. Als er feststellt, daß sich bestimmte Personen für diese Behandlung eignen, experimentiert er auch außerhalb seines HNO-Fachgebiets und gibt in der Poliklinik für interessierte Kollegen Proben seines Vorgehens. Die Fähigkeit zu hypnotisieren zeigt, daß man es bei dem bescheiden auftretenden jungen Arzt nicht mit einem willensschwachen Menschen zu tun hat, der eher Spielball seiner Stimmungen ist als ein bewußter Organisator seines Lebens. Wenn Schnitzler etwas will, kann er es auch erreichen. Wie phantasievoll er die Hypnose benutzte, schildert Felix Salten, der Vertraute in dieser Zeit, vierzig Jahre später: «An der Ambulanz der Poliklinik war ich oft Zeuge der hypnotischen Versuche, die Arthur Schnitzler mit den Patienten anstellte. Ich stand dabei, als er eine Nasenoperation an einem jungen Mädchen ausführte, die furchtbar schmerzhaft gewesen sein muß. Das Mädchen saß, von Schnitzler in hypnotischen Schlaf versenkt, und während er mit dem glühenden Draht in die Nase fuhr, suggerierte er ihr: ‹Sie halten jetzt ein Veilchenbukett und atmen den starken Duft.› Das Mädchen, das heftig blutete, zog gehorsam den Atem ein und seufzte entzückt ein ‹Ah› um das andere. Nachdem die Blutung gestillt war, befahl Schnitzler dem Mädchen: ‹Sie werden jetzt aufwachen, keine Schmerzen haben und den Duft der Veilchen noch lange mit Genuß verspüren.› Das geschah denn auch und die Arme entfernte sich, indem sie wahrscheinlich die Nasentampons für Veilchen hielt.»

Noch eindrucksvoller als diese Experimente war der Umgang mit dieser Begabung, die Schnitzler beträchtliche Karrieremöglichkeiten eröffnete. Als er merkte, daß gerade seine «interessantesten Medien durch die Wiederholung der Versuche nicht nur in ihrer Willenskraft, sondern auch in ihrer körperlichen Gesundheit geschädigt werden», stellte er die Experimente ein und wandte «die Hypnose nur noch fallweise, fast ausschließlich zu festumrissenen Heilzwecken an».

Schnitzlers «Paracelsus» (1898), ein Versspiel in einem Akt, zeigt den Alchimisten und Wundarzt der Renaissance als Hypnotiseur im spielerischen Umgang mit dem Unbewußten der Patienten. Dieser Arzt, der es nicht verschmähte, als Zauberkünstler zu erscheinen, unterlag der Versuchung, der er doch widerstehen sollte. Arthur Schnitzler trieb es nicht wie sein zwielichtiger Held, der mit Hypnotisieren Geld verdient, sich bestaunen läßt und von Stadt zu Stadt zieht, weil er weiß, daß seine Wunderheilungen nicht lange andauern. Paracelsus verspottet die traditionelle Heilkunst und spielt wie ein Zauberkünstler mit Menschenseelen. Den Bürgern, die ihn verachten, weil sie es mit ihrer Tüchtigkeit zu etwas gebracht haben, ist er überlegen, denn er besitzt Kenntnisse vom Unbewußten. Er suggeriert verborgene Wünsche als Realität und rächt sich an den selbstbewußten Bürgersleuten, die nichts über die Vorgänge in ihrem Innern wissen. Indem er Traum und Wachen vertauscht, verunsichert er die feste bürgerliche Welt und zieht mit überlegenem Lächeln weiter. Paracelsus ist ein nicht unsympathischer Außenseiter, aber er vertritt für Schnitzler den suggestiven Künstler, nicht den verantwortungsvollen Arzt. Deshalb ärgerte er sich auch darüber, daß man ihn häufig mit diesem hochmütigen Außenseiter identifizierte: «Man greift irgendeinen Satz, den eine Figur spricht, heraus und stellt sich an, als wäre darin die Meinung des Autors oder gar seine Weltanschauung ausgedrückt. Zum Beispiel: ‹Wir spielen immer, wer es weiß ist klug›, sagt Paracelsus, aber nicht ich.»

Sigmund Freud, der sich etwa zur selben Zeit wie Schnitzler von der Unbrauchbarkeit der Hypnose bei der Heilung von Neurosen überzeugt hatte, sah 1899 eine Aufführung des «Paracelsus» im Burgtheater und äußerte sich erstaunt: «wie viel von den Dingen so ein Dichter weiß».

Zwischen Freuds Psychoanalyse und Schnitzlers Dichtungen wird oft eine geheimnisvolle Korrespondenz vermutet. Beide waren Mediziner, die eine neue Auffassung vom Menschen gegen erhebliche gesellschaftliche Widerstände vertraten, bei beiden standen die Sexualität und das Unbewußte im Zentrum des Interesses. Weil Freud und Schnitzler trotz des familiären Kontakts mit dem Bruder Julius höchst selten miteinander gesprochen haben und nur zweimal Geburtstagsglückwünsche tauschten, vermutet man eine heimliche Konkurrenz. Mit dem «Doppelgängertum» dieser herausragenden Gestalten im Wien der Jahrhundertwende ist es aber nicht so weit her. Sie achteten sich gegenseitig, aber längst nicht so übermäßig, wie es so oft behauptet wird, und von wechselseitiger Beeinflussung kann ernsthaft nicht gesprochen werden. Freud sah Schnitzler als «einen Dichter, der allerdings auch Arzt» war. Intuitiv habe er vieles erfaßt und poetisch realisiert, was Freud sich, wie er voller Neid gesteht, mühselig im Umgang mit den Patienten erarbeiten mußte. Dieses dichterische Vermögen birgt aber auch eine Gefahr: Bei dem Motiv der Allmacht des Gedankens, das Schnitzler häufig in den Novellen gestaltet, droht der Dichter nach Freuds Verständnis in Mystizismus abzugleiten. Schnitzler wiederum denkt über die Sexualität wie Freud, findet aber, daß die Psychoanalyse die Homosexualität überschätzt und kann Freuds Auffassung vom Unbewußten nicht annehmen:

«Manches, vielleicht das Meiste, was die Psychoanalyse in das Unterbewußtsein verlegt, ist im Mittelbewußtsein zu suchen. Sowohl Elemente des Überich, wie auch Elemente des sogenannten Es finden sich im Mittelbewußtsein wie im Unterbewußtsein. Die Psychoanalyse gräbt in den seltensten Fällen so tief, als sie glaubt.»

Als praktizierende Ärzte verzichteten sie beide auf jede Allmachtsgeste gegenüber den Patienten und auf die öffentliche Vorführung, die ihr gemeinsamer Anreger Jean-Martin Charcot, der «Napoleon der Neurosen», in Paris so gebieterisch inszenierte. Ebenso wie Schnitzler ließ Freud nach anfänglichen Erfolgen davon ab, die Hypnose anzuwenden. Zwar betrachtete er sie nicht als Scharlatanerie, denn sie bewies ihm die Wirkung des Unbewußten bei psychischen Vorgängen. Aber erst der Verzicht auf diese autoritäre Behandlungsmethode, die das angemaßte Wissen des Psychiaters über den Fall des Patienten in Anweisungen umsetzte, führte zu jener psychoanalytischen Gesprächstechnik, die mit Hilfe der Assoziationen des Patienten zum Kern der Neurose vordringen sollte.

Trotz aller Skepsis jedoch verdankte Schnitzler der Psychoanalyse die einzig nennenswerte Auseinandersetzung mit seinem Werk zu Lebzeiten. Die psychoanalytische Literaturinterpretation, meist ziemlich überflüssig, schlug hier zum Segen aus, weil sie den Autor vor der Fülle gedrechselter Deutungen rettete, in deren Halbwahrheiten und Verdrehungen er zu ersticken drohte. Nach 1900 war Schnitzler zum Fall geworden, an dem die Kritiker ihre Sensibilität fürs Atmosphärische unter Beweis stellten. Er galt nun literarisch als Wiener Rokoko mit einem Schuß Impressionismus. Über mangelnde Resonanz konnte er sich wahrlich nicht beklagen, aber sie war so oberflächlich, daß sie ihn peinigte. So flüchtete er geradezu in Gespräche mit zwei jungen Psychoanalytikern, Theodor Reik und Hanns Sachs, deren Distanz zur Belletristik ihm gerade recht war. 1913 notierte er anerkennend: «Imago: Aufsätze von Sachs und Reik über mich, sich sehr erfreulich von dem üblichen Literatengeschwätz unterscheidend, ins tiefere deutend.» Im selben Jahr noch erschien Reiks Buch «Arthur Schnitzler als Psycholog», das viel Empörung auslöste, weil es «alle Seelenvorgänge und Handlungen im Traum und Wachen auf geschlechtliches Verlangen» zurückführte; der konfliktgeladenen inneren Welt Schnitzlers aber hat es sich bis heute angemessener erwiesen als die Flut feuilletonistischer Stimmungsbilder, welche die Desillusion mit der Verklärung des Fin de siècle verwechseln.

Das Experiment mit der Hypnose blieb eine Episode in Schnitzlers medizinischer Laufbahn. Als Facharzt für Kehlkopf- und Nasenleiden entwickelte er wenig Ehrgeiz; immer wieder sah er erstaunt zu, wie mühelos sein fast gleichaltriger Schwager Hajek, aber auch sein jüngerer Bruder ihn als Mediziner überholten. Daß er neidlos blieb, bestätigte ihm sein begrenztes Interesse an der Medizin; als Arzt war er beileibe kein «Apostel der Humanität».

Aber die Schriftstellerei, die er im zarten Alter von neun Jahren aufgenommen und immer leidenschaftlicher betrieben hatte, wirkte auch nicht als beruhigende Kompensation. Als Gymnasiast hatte er sehr ausdauernd, ohne wirklichen Mitteilungsdrang, zahlreiche Tragödien und viele Gedichte für die Schublade geschrieben, aber der öffentlichen literarischen Produktion näherte er sich nur zögernd.

Schon mit achtzehn Jahren ist er statt dessen für die medizinische Zeitschrift seines Vaters als Korrektor tätig, und seit Januar 1887 firmiert er sogar als Redakteur der neugegründeten «Internationalen Klinischen Rundschau». Der Grund ist nicht besonders honorig: er fungiert vor allem als Strohmann des Vaters, der, mit seinem früheren Verleger zerstritten, sich verpflichtet hatte, keine andere Zeitschrift herauszugeben.

Die Mitarbeit an diesem Familienunternehmen hält die Gedanken gefangen. Was Schnitzler an Olga Waissnix am 21. Juni 1887 abends aus dem schmucklosen Redaktionszimmer schreibt, ist mehr als ein Stoßseufzer: «Ich bin immer froh, wenn einmal die Dame Phantasei mich heimsucht und fortreißt und mich ihrer unverbrüchlichen Liebe versichert. Es ist eine ‹deutsche Brautschaft›, die mich mit ihr verbindet. Jahrelang geht's schon so fort. Ich fürchte schier, wir werden nebeneinander verblühen.»

Das Medizinstudium, später die Arbeit im Krankenhaus und die Redaktionstätigkeit, behindern ihn wohl, lähmen ihn aber nicht. Der junge Schnitzler spielt leidenschaftlich Klavier und komponiert Walzer, die er ohne Scheu auch auf Ballveranstaltungen und Festen selbst vorführt. Bei Sommeraufenthalten in Bad Ischl wagt er mit den beiden Altmeistern Johannes Brahms und Johann Strauß über Musik zu sprechen. Seiner Musikalität ist er sicherer als seiner Berufung zum Dichter.

Wichtiger als alles andere aber sind ihm von Anfang an die

Frauen und jungen Mädchen. Unter seinen größeren und kleineren Lieben spielt Olga Waissnix eine Hauptrolle. Im April 1886 hatte er sie in Meran kennengelernt, bei einem Kuraufenthalt wegen Tuberkuloseverdacht. Frau Waissnix, geborene Schneider, war die Tochter eines renommierten Gastwirts am Wiener Südbahnhof und hatte in ein mondänes Hotel, den Thalhof, in Reichenau eingeheiratet. Hier verbringen sogar Erzherzöge die Sommerferien; sie selbst geht auf die Jagd und regiert das Unternehmen umsichtig wie eine Herrscherin. Mit ihrem Ehemann unzufrieden, flüchtet sie in Seelenfreundschaften mit Männern, die sie anbeten. Peter Altenberg – und das geniert Schnitzler nicht wenig – schwärmte untertänig für sie, bis er ziemlich roh von dem eifersüchtigen Gatten aus dem Hotel entfernt wurde; aber auch der elegante Kavallerieleutnant in Reserve, Rudi Pick, später als Sport- und Karikaturenmaler bekannt, gehört zu ihrem Gefolge. Schnitzler steigert sich in eine leidenschaftliche Liebe zu dieser Frau, die sich ihm aber versagt und nur Kameradschaft anbietet. Schließlich nimmt der Dichter nicht nur zur Freude der Waissnix Vernunft an. Die «Kameraden» sehen sich selten und dann heimlich als Besucher von Ausstellungen und Museen. Es entspinnt sich aber ein Briefwechsel, der für Schnitzler sehr wichtig ist, weil ihm hier eine Frau schreibt, die von seiner dichterischen Begabung überzeugt ist und ihn, der ständig an sich zweifelt, ermutigt.

Nicht selten kopiert diese vielbeschäftigte Frau seine Manuskripte, um zu dokumentieren, wie wertvoll ihr das Geschriebene ist. Vor seiner Londonreise im März 1888 schreibt sie ihm:

«Ich glaube bestimmt, daß Sie aus den ‹Anfängen›, wie Sie Ihre bisherigen Werke zu nennen belieben, sehr bald herauskommen werden. Es ist gut für Ihr Genie, daß Sie fortgehen, gut, daß Sie aus den dünnen Nebeln herausgerissen werden, mit denen Sie möglicherweise alle Coras und Ga-

brielen umgaben. Als clergyman bestieg Darwin den ‹bea-
gle› und als unsterblicher Naturforscher kam er heim. Ich
freue mich schon, den berühmten Dichter bei seiner Rück-
kehr begrüßen zu können.»

Während sich Olga Waissnix bedeckt hält, äußert sich
Schnitzler freimütig über alles, was ihn wirklich beschäftigt.
So spürt sie sehr bald, offensichtlich bevor Schnitzler es
selbst gemerkt hat, was Adele Sandrock für ihn bedeuten
wird: «Und die Sandrock? Sie hat so große traurige Augen,
und Sie, Herr Doctor, ein so großes Bedürfnis nach Liebe,
glauben Sie, daß sie in Ihrem Leben eine Rolle spielen
wird?»

Der sorgfältige Umgang mit den zahllosen Liebesbriefen,
die Schnitzler empfing, und seine Tagebücher zeigen, wie
sehr sein Interesse an der Weiblichkeit das an Literatur, Medizin oder gar der Politik übersteigt. Auf Faschingsbällen in
Verkleidung herumzustreifen oder Klavier zu spielen ver-
gnügt ihn entschieden mehr als der damals übliche Bier-
kommers unter Männern. Adele Sandrock, die sich empört:
«Du – Dr. Schnitzler – als – Gigerl auf einer Redoute», findet
nicht als einzige, daß Schnitzler eigentlich über diese Fa-
schingsbegeisterung hinaussein sollte. Man macht sich lustig
über den promovierten Cherubino, der sich, wo es nur geht,
in weiblicher Gesellschaft aufhält, aber man tadelt es auch.
Schon die Erotik des Siebzehnjährigen hat Vater Schnitzler
beharrlich bekämpft, wobei er sich nicht scheute, das Tagebuch seines Sohnes zu entwenden, wo damals nur sehr
harmlose Freuden verzeichnet waren. Stärkstes Argument
waren die Geschlechtskrankheiten, und Vater Schnitzler
zwang seinen Sprößling, diese in medizinischen Atlanten zur
Kenntnis zu nehmen.

Noch fünfzehn Jahre später, nach der Lektüre des «Märchen», beauftragte er ihn wutentbrannt, einen Lehrbuch-
artikel über die Erscheinungsformen der Syphilis am Kehlkopf zu schreiben. Den Sohn beeindruckte dies wenig. Er

war ein so ausgefuchster Erotiker, daß er, sonst so konflikt-
scheu, in die Offensive ging.

Mit lehrbuchhafter Genauigkeit stellte er seinem Vater
die vielfältigen Kalamitäten vor Augen, in die ein Sohn aus
gutem Hause bei seinen Beziehungen zum weiblichen Geschlecht kommen muß: «Im Verlauf unseres Gesprächs
drängte sich mir die Frage auf die Lippen, wie es denn eigentlich ein junger Mensch anstellen solle, um nicht entwe-
der mit den Forderungen der Sitte, der Gesellschaft oder der
Hygiene in Widerspruch zu geraten. Verführung, Ehebruch
seien unerlaubt und gefährlich, Verhältnisse mit Kokotten
bedenklich und kostspielig, dann gab es noch eine gewisse
Sorte von sozusagen anständigen Mädchen, die zwar schon
vom Pfade der Tugend abgewichen waren, bei denen man
aber geradeso wie bei den Verführten nach dem Ausdruck
meines Vaters ‹hängenbleiben› könne; so blieben also wirklich nur Dirnen übrig, was immer, selbst wenn man sich
gesundheitlich zu schützen wisse, eine recht widerwärtige
Angelegenheit zu bedeuten habe. Mein Vater ließ sich auf
Erörterungen nicht ein, sondern mit einer erledigenden
Handbewegung bemerkte er einfach und dunkel zugleich:
‹Man tut es ab.›»

Wenn Schnitzler dem Vater schonungslos beibringt, daß
man nicht zugleich unverheiratet und doch ein asketischer
und ökonomisch lebender Mensch bleiben könne, spricht er
nicht als eifernder Theoretiker. Die Widersprüche bedrän-
gen ihn wirklich. Ein Jahr zuvor hat der Mann von Olga
Waissnix, ein passionierter Jäger und bekannt guter Schütze,
mit einem Duell gedroht. Das Schicksal des Fritz Lobheimer
in «Liebelei» stand dem Dichter vor Augen; dieser wird von
dem Ehemann seiner *grande passion* zu einem Zeitpunkt bei-
seite geräumt, als die Liebe zur großen Dame nur noch da-
hindämmert und der junge Mann ohne inneres Motiv im
Morgengrauen vor die Pistole seines überlegenen Gegners
tritt.

Aber dem Vater war auch ein bestimmter Vorfall zu er-
läutern, der diesen unangenehm berühren mußte: Jeanette
Heeger, eine zwanzigjährige Kunststickerin aus ärmlichen
Verhältnissen und sehr leidenschaftlich, war oft bei ihm im
Zimmer, wenn er als junger Arzt Nachtdienst hatte – und ei-
nes Morgens konnte der Sohn den Vater, den Direktor der
Klinik, nur an der Tür empfangen, weil Jeanette noch im
Bett lag. Dem Vater aber ist das innige Verhältnis zu diesem
«anständigen Mädchen» ein Dorn im Auge, weil der Sohn
dort «hängenzubleiben» droht.

Wie dem auch sei: die Frauen jedenfalls fühlen sich von
Schnitzler ernst genommen, sie erwidern seine Aufmerk-
samkeit und kommen ihm entgegen. Sein Glück bei ihnen
verdankt er seinem Mangel an Imponiergehabe. Zwar ist
Schnitzler elegant gekleidet, zwar kopiert er die verhaltenen
Manieren des Burgschauspielers Ernst Hartmann; er will gefallen, spart nicht mit Blumen und kleinen Geschenken,
aber er tritt nicht als Don Juan auf, der die Frau nach der Er-
oberung vergißt. Die Frauen – und da ist Adele Sandrock
keine Ausnahme – behalten ihn, auch wenn sich das Verhältnis schon viele Jahre gelöst hat, gern im Gedächtnis.
Sie danken es ihm, daß er sie als Menschen aus Fleisch
und Blut und Seele wahrnimmt und sich auf sie einläßt. Der
Preis dafür ist freilich hoch. Zwar erlebt er in seinen Liebesbeziehungen intensive Momente der «Stimmung», aber es
kommt zu keiner Beziehung von Dauer. Über dieses Pro-
blem geben die Einakter des «Anatol»-Zyklus, mit denen
sich Schnitzler zwischen 1888 und 1892 an die große dramatische Form herantastet, mehr Auskunft als seine Tagebücher und Briefe. Der Dichter, der zunächst unter dem
Pseudonym Anatol schreibt, gibt dieser Figur die Züge seines
Ich-Ideals: Anatol ist ein Lebemann, befreit von Arbeit und
bürgerlicher Enge, umhaucht von Exotik und mondäner Le-
bensführung. Vom Geld, das der Autor weiß Gott nicht im

Überfluß hat, ist hier nicht die Rede. Als verführbarer und einfühlsamer Liebhaber erkennt Anatol in seinem aufregenden Liebesleben: Keine ist wie die andere. Aber so verwandeln sich eben auch die engagiertesten Verhältnisse in lauter Episoden. Sie gehen zu Ende, ohne richtig begonnen zu haben. Sie verschwinden aber auch nicht, sondern bleiben als Schatten im Gedächtnis. Von dort bedrohen sie die erlebte Gegenwart mit einer Vergangenheit, die immer mächtiger anwächst. So etwa ist Anatol außerstande, sich endgültig von dem Paket zu trennen, das die Reliquien seiner Liebesbeziehungen enthält. Er will es bei seinem Freund Max, der im Stück verständnisvoll den gesunden Menschenverstand vertritt, deponieren und erklärt: «Das ist meine Art der Treue. Keine von allen, die ich liebte, kann ich vergessen. Wenn ich so in diesen Blättern, Blumen, Locken wühle – du mußt mir gestatten, manchmal zu dir zu kommen, nur um zu wühlen – dann bin ich wieder bei ihnen, dann leben sie wieder, und ich bete sie aufs neue an.»

Als Autor wird Schnitzler Anatols Erkenntnis durchaus gerecht. Sein differenzierender Blick auf Mädchen und Frauen erinnert in seiner Feinheit an Casanova, der in seinen Memoiren ebenfalls eine Fülle unverwechselbarer weiblicher Porträts überliefert hat.

Schnitzlers kontinuierlichste Beziehung zu einer Frau war die zu seiner Mutter; bis zu seiner Verheiratung im Jahre 1903 lebte er mit ihr in dem Haus Frankgasse 1 hinter der Votivkirche, wo er auch seine Privatpraxis unterhielt. Louise Schnitzler, die sich den Aktivitäten ihres umtriebigen Gatten unterordnet, aber auch selbst rastlos ist, neigt zur Ängstlichkeit und führt im Familienkreis eine einsame Existenz. Sie versteht nicht viel von ihrem Sohn, ist ihm aber bedingungslos ergeben. Die Liebe zur Musik und die Begabung zum Klavierspiel hat er von ihr. Sonntagnachmittags spielen sie an zwei Flügeln Sinfonien von Schubert, Brahms und

Mahler. In dieser wortlosen Kommunikation verständigen sie sich stundenlang. Schnitzler bedeuten diese Nachmittage so viel, daß er sie immer wieder im Tagebuch vermerkt. Es sind aber auch die einzigen Eintragungen, welche die Mutter betreffen. Die Mutter, trotz ihrer Isoliertheit durchaus Dame der Gesellschaft, unterstützt ihren wenig strebsamen Liebling finanziell und macht kaum Vorschriften.

Schnitzler scheint aber auch in seinem Verhalten zumindest in Wien auf sie Rücksicht zu nehmen. Als Adele Sandrock klagt, daß sich ihr Geliebter nicht öffentlich mit ihr zeige und nachts heimlich zu ihr «schleiche», erklärt Schnitzler, gemeinsam Fiaker zu fahren und zusammen in Theaterlogen zu sitzen sei überflüssig. Es gelte, «Mama» vor Gerüchten zu verschonen, wonach er die Sandrock aushalte bzw. sie ihn.

Obwohl die Diva selbst zeit ihres Lebens nicht von ihrer Mutter loskommt, ärgert sie diese Rücksichtnahme. Instinktsicher begreift sie diese stille Frau als ernsthafte Gegnerin, mit der sie um den Sohn ringen muß. Solange sie mit Schnitzler zusammen ist, erhebt sie nur den Vorwurf finanzieller Abhängigkeit. Aber in ihrem Drama «Vergeltung» (1900, zusammen mit dem Operettenlibrettisten Robert Eysler verfaßt) tritt diese Frau in der dramatischen Schlußszene als Todfeindin der Diva auf: als Gräfin Liebenau, die ihren sympathischen, aber schwachen Sohn aus den Armen der Diva in Sicherheit bringen will, indem sie ihn mit der Tochter eines reichen Hausbesitzers verheiratet.

Im Jahre 1893 raubt dem gehorsamen Sohn dann endlich ein Schicksalsschlag die Unschuld der verlängerten Pubertät: Am 2. Mai stirbt nach kurzer Krankheit Johann Schnitzler, dem der Sohn während der letzten Stunde den Puls fühlt. Am 3. Mai, beim Abendbrot am Familientisch, bemerkt er plötzlich, daß der Vater abwesend ist und auch nicht wiederkommen wird. Eine schwere Depression überfällt ihn; er fühlt sich verlassen, wie nie in seinem Leben zuvor. Dieses

Ereignis stößt ihn gewaltsam aus dem Paradies, das sich Schnitzler über sein dreißigstes Lebensjahr erhalten hatte.

Der Tod des Vaters begünstigt andererseits die Entwicklung des Schriftstellers. Schnitzler gibt sofort die Arbeit an der Poliklinik, die der Vater als sein Lebenswerk betrachtet und seit 1884 geleitet hatte, auf. Er zieht sich auf eine Privatpraxis zurück, in der er nachmittags zwischen 15 und 17 Uhr ordiniert, womit er den Vormittag zum Schreiben gewinnt. Ein neuer Freiraum öffnet sich: das Fahrrad, das Schnitzler im Juni fahren lernt. Schon bald wird die Sandrock darüber genauso schimpfen wie über die «sauberen Kumpane», die Schnitzler viel zu häufig trifft. Das Radfahren, gerade als gesunde Freizeitbeschäftigung in Mode, ist aus Schnitzlers künftigem Leben nicht fortzudenken, es war Medizin gegen Depressionen.

Vom Frühjahr bis zum Herbst fährt er jetzt häufig in die nähere Umgebung, aber auch bis nach Bayern, sogar nach Italien hinüber. Diese Touren bilden in der Biographie des folgsamen Sohnes, der bisher nie daran dachte, Wien zu verlassen, einen Bewegungsspielraum, den er ohne Schuldgefühl gegenüber dem Vater genießen kann. Man fühlt sich an Goethes Italienreise erinnert. Nach mehrfachen Anläufen, auf Anregung des Vaters, unternimmt sie Goethe auch erst nach dessen Tod und hält genau die Reiseroute ein, die ihm der Vater durch seine immer wiederholten Erzählungen unvergeßlich eingeprägt hat. Nur an einem Punkt überschreitet sie der gehorsame Sohn. Statt sich wie Caspar Goethe mit dem Besuch Neapels als südlichster Station zu begnügen, setzt Johann Wolfgang mit dem Schiff nach Sizilien über und gewinnt eine «terra incognita», vor allem, weil sie dem Vater verwehrt geblieben ist.

Johann Schnitzler hat den Beginn der literarischen Laufbahn seines Sohnes knapp verfehlt, wenn nicht sein Tod überhaupt ihren Start erst ermöglicht hat. Im Juni desselben Jahres jedenfalls erhält Arthur Schnitzler die feste Zusage, daß sein Stück «Das Märchen» am Deutschen Volkstheater zur Aufführung ansteht und daß Adele Sandrock die Hauptrolle spielen wird.

Die «blonde Bestie»

Adele Sandrock ist im Jahre 1937 gestorben und heute meist nur als Star bekannt, der seit Mitte der zwanziger Jahre Millionen Menschen ins Kino lockte. Ihr mit Zungen-R hervorgestoßenes «Jungerrr Maahn!» behielten Generationen deutscher Kinobesucher unvergeßlich im Ohr. Nach zehn Hungerjahren zwischen 1910 und 1920 wurde die alte Diva zum Kassenmagneten, um den sich Produzenten und Regisseure rissen. 1935 und 1936, im Zenit ihrer zweiten Karriere, wirkte sie in nicht weniger als sechzehn Filmen mit. Die Sandrock überlebte als Filmschauspielerin, als herrische alte Dame mit sonorer Stimme, die, sich ihrer Komik nicht bewußt, in einer veränderten, «modernen» Welt längst überholte moralische Ansichten durchsetzen will. Auch jetzt gingen reale Person und Rolle ineinander über: War es früher die Sandrock als *femme fatale*, die bei Strafe des Untergangs für das Recht auf Leidenschaft kämpfte, so verlieh nun großer Reichtum ihren alten Damen Nachdruck. Und das Alte am Alter kultivierte sie. Die Sandrock trat ganz bewußt anachronistisch in Kleidern aus ihrem Privatfundus auf, einer Garderobe, die schon um 1900 veraltet war. Berühmt ist sie noch heute als Juno in «Amphitryon» (1935) und als Theaterprinzipalin durch den Film «Alles hört auf mein Kommando» (1934), bei dem der Titel auf die Haupteigenschaft dieser Figur gemünzt ist.

Die Sandrock des Films, über die man lacht, ist aber ein erloschener Vulkan; man kann nur ahnen, welch elementare Kraft sie vierzig Jahre früher im Burgtheater als Lady Macbeth auf der Bühne verströmte oder als Hero in Grillparzers

Adele Sandrock in ihrer Berliner Wohnung Leibnizstraße 60, 1922 –
als «komische Alte» wie in ihren Filmen. Schmucküberladen und mit
präsentiertem Pompadour forderte sie die neue Zeit in die Schranken.

«Des Meeres und der Liebe Wellen» beim Anblick der Leiche ihres Geliebten. Der Theaterkritiker Herbert Ihering, Jahrgang 1888, der die Sandrock noch am Deutschen Theater in Berlin spielen sah, erlebte die komische Adele als erschütternden Abstieg einer großen Künstlerin: «Tragischer als alle ihre tragischen Rollen bleibt es, daß Adele Sandrock nur noch als Komikerin kommt, die die Größe ihrer ernsten, medusenhaften Kunst verleugnet und den schweren, dunklen, sternenlos nächtigen Ton der Tragödin dem Gelächter der Menge hinwirft.»

Adele Sandrock, am 19. August 1863 als drittes und jüngstes Kind in Rotterdam geboren, hatte wenig Grund, auf ihr Elternhaus stolz zu sein; sie schwieg sich meist darüber aus oder kleidete die Existenz ihrer Eltern in Legenden: die Mutter eine berühmte Schauspielerin und der Vater ein preußischer Offizier, welcher der Mutter zuliebe in Holland geblieben war und seinen Dienst bei der Armee quittiert hatte.

Die Realität sah etwas anders aus. Nans ten Hagen und Eduard Othello Sandrock hatten schon einige Niederlagen hinter sich, als sie sich kennenlernten und heirateten. Der Vater hatte es zwar in Gotha beim Militär zum Unteroffizier gebracht, ging aber wegen wirtschaftlicher Schwierigkeiten bald nach Holland, wo er sich als kaufmännischer Angestellter und Handelsvertreter durchs Leben schlug; er gerät oft in finanzielle Bedrängnis, löst sich dann von der Familie, taucht aber immer wieder auf und lebt zusammen mit den Seinen. Daß Adele deutschsprachige Schauspielerin wurde, liegt daran, daß der Vater, obwohl von seiner Frau in Holland geschieden, 1873 die Familie nach Berlin kommen ließ. Als Angestellter des Eisenbahnkönigs Strousberg war er zu wirtschaftlichem Wohlstand gelangt, womit es aber kurz nach der Ankunft der Familie durch den Gründerzeitkrach im Herbst 1873 wieder vorbei war.

Die Mutter, Nans ten Hagen, hatte als Ballettänzerin an der Stadschouwburg in Amsterdam angefangen und wurde danach Schauspielerin. Sie war sehr volkstümlich und witzig, aber auch sehr eigensinnig. In Schauspielerkreisen galt sie deshalb als abschreckendes Beispiel, und wenn man eine Schauspielerin beschimpfen wollte, sagte man zu ihr: «Du bist vielleicht eine Nans!» 1864 wurde sie als Erste Schauspielerin am städtischen Theater unter Eduard de Vries engagiert, bekam aber bald Konkurrenz von dessen Frau, die dann auch ihren Platz einnahm.

Nans ten Hagen kümmerte sich nach 1875, als sie Holland endgültig verlassen hatte, ausschließlich um ihre Töchter, die sie als Anstandsdame begleitete und beständig mit aussichtsreichen Heiratskandidaten zu verkuppeln suchte. Adele, als die jüngste, hatte besonders unter ihrem Regiment zu leiden und wurde zeit ihres Lebens von ihr als kleines Kind behandelt. Daß Frau ten Hagen im Haus und auf Kosten ihrer Tochter lebte, veränderte nicht im geringsten ihr aufdringliches Verhalten, das schon ans Pathologische grenzte.

Die wechselhafte Karriere der Adele Sandrock gleicht einem Hindernisrennen. Sie beginnt 1877 mit einem überwältigenden Theatererlebnis der Vierzehnjährigen. In Berlin sieht sie Schillers «Räuber», aufgeführt von den «Meiningern», die noch am Beginn ihrer Gastspieltätigkeit stehen. Adele, die schlechte Schülerin und Plage ihrer Lehrer, hatte den Eltern ihre Eintrittskarte abgetrotzt. Durch diesen Theaterbesuch riskiert sie, endgültig aus der Schule verwiesen zu werden. Noch sechzig Jahre später erinnert sie sich: «Mit hochroten glühenden Wangen saß ich da. Ich hatte mich vor lauter Aufregung derart verkrampft an allen Gliedern, daß ich am folgenden Tag wie gelähmt war. Geschlafen habe ich in dieser Nacht nicht. Ich hörte Franz, die Kanaille, hörte den ungeheuren Tumult der grandiosen Massenszenen. Es wirbelte

Nans Sandrock mit ihren Kindern Wilhelmine, Christoph und Adele um 1890 in Wien – ein unzertrennliches Kleeblatt.

mir im Kopf. Von dieser Stunde an war ich ganz in Meiningen.»

Trotz dieser sensationellen Massenszenen war die Meininger Hofbühne kein Zirkus. Sie war vielmehr eine weit über Deutschland hinaus vorbildliche Reformbühne und hatte kein geringeres Ziel, als das Theater zu erneuern, das überall durch Schauspielervirtuosen, exotische Kulissen und Kostüme in Verfall geraten war. Gegenüber der dramatischen Konfektionsware, die zur Weltgeschichte mehr oder weniger monströse Effekte lieferte, sollten die Klassiker zu Ehren kommen.

Der regierende Fürst, Herzog Georg II. (1826–1914), war der Spiritus rector des Unternehmens; er schloß kurzerhand die Oper der Residenz und bekam so eine finanzielle Grundlage. Nach dem Vorbild Hamlets, der als Königssohn den Schauspielern Zurückhaltung einschärft, damit ihre Darstellung der Großen glaubwürdiger werde, wünschte Georg II. lebendige Wahrheit auf der Bühne: Die Ensembleleistung soll den selbstgefälligen Protagonisten verdrängen und die bewegte Massenszene die opernhafte Starre der Statisterie auflösen. Die Ausstattung der Theater war im Laufe des 19. Jahrhunderts immer üppiger geworden und spiegelte den wirtschaftlichen Reichtum getreulich wider oder suchte ihn zumindest vorzutäuschen. Der finanzielle Aufwand galt dabei fast ausschließlich den Kostümen und Kulissen; sie wurden für unterschiedliche Stücke so lange genutzt, bis es nicht mehr ging.

Die Bühne hatte sich so in einen phantasmagorischen Raum verwandelt, in dem alles möglich war, wenn es nur Effekt machte. Dieser Beliebigkeit traten die «Meininger» mit ihrer Auffassung von historischer Wahrheit entgegen. Die Ausstattung ihrer Aufführungen war bis ins kleinste echt in dem Sinne, daß Kostüme, Möbel und Kulissen historischen Vorbildern entsprachen. Bei der Frage, was ist echt, hatte nicht der Dichter das letzte Wort. Man wollte eine vermeintliche historische Authentizität, auch wenn sie sich vom Text des Dramas unterschied.

Die kleine Adele hatte das Theaterspielen durch ihre Mutter kennengelernt, doch sah sie darin bloß einen familiären Zeitvertreib, ein weniger langweiliges Gesellschaftsspiel. Denn sie langweilte sich entsetzlich in der Schule und sehnte sich nach etwas anderem. Die «Räuber»-Aufführung im Frühjahr 1877 wird für sie zum Erweckungserlebnis, das die Tage der Kindheit mit einem Schlag beendet. Sie geht am Morgen danach nicht zur Schule, erhält einen Tag darauf, weil sie schuldhaft dem Unterricht fernblieb, das «consilium abeundi» und wird vom verzweifelten Vater geohrfeigt. Wenige Tage danach brennt sie durch. Mit einem Kleid ihrer älteren Schwester und dem geliehenen Geld einer Freundin fährt sie mit dem Zug nach Meiningen. Einen Schillerband, den sie aus der Bibliothek des Vaters entwendet hat, in Händen, macht sie sich an die Rolle der Luise in «Kabale und Liebe»; sie hat eine Szene aus dem Stück gewählt, die ihr am besten gefällt. Es ist der Auftritt von Luise und Sekretär Wurm, bei dem Luise, um ihren Vater aus dem Gefängnis zu retten, sich von Ferdinand lossagt und einen Liebesbrief an einen anderen abpressen läßt. Durch Zappeln und halblautes Lesen ruft Adele den Unmut der Mitreisenden hervor, den sie mit einem lauten Hinweis «Ich lerne!» erledigt.

Nach fünfstündiger Fahrt in Meiningen angekommen, schreibt sie vom Hotel aus einen Brief an den Herzog und bittet um ein Engagement. Sie läßt den Brief am nächsten Morgen ins Schloß bringen und harrt ungeduldig, nur vom wiederholten Lernen der Rolle abgelenkt, der Dinge. Gegen Abend kommt ein herzoglicher Diener und richtet den Befehl Seiner Hoheit aus, am nächsten Morgen um 10 Uhr vorzusprechen. Es ist typisch für die Sandrock, daß ihr selbst in dieser Situation das Wort Befehl überhaupt nicht gefällt: «Es klang so hart und unzart.» Am Morgen wird sie pünktlich von der herzoglichen Kutsche abgeholt. Das Kleid ihrer Schwester erweist sich als viel zu groß, und sie verliert prompt beim Hofknicks vor der Baronin von Heldburg, die sie empfängt, die Balance, aber nicht den Mut, der hohen Dame vorzusprechen. Die Baronin, die frühere Schauspielerin Ellen Franz, dem Herzog als Bürgerliche in «morganatischer» Ehe verbunden, ist von Adeles Darbietung beeindruckt und läßt dies ihrem Gatten melden.

Der folgende Auftritt wird zum Schlüsselerlebnis: Die Anfängerin Adele fühlt sich in ihrem künstlerischen Streben von Menschen anerkannt, die ihr weit überlegen sind. Dies bedeutet für sie eine so starke Erfahrung, daß sie auch in Krisen nie mehr ihr Selbstbewußtsein verlieren und den Wert ihrer Kunst niemals bezweifeln wird: «Es dauerte nicht lange und der Herzog trat herein. Dann sagte sie: ‹Hör dir dieses Mädchen an. Ein seltenes Talent!› Als ich den Herzog sah, war ich starr. Der Mann machte einen zu gewaltigen Eindruck auf mich. Er war wie aus einer anderen Welt. Ein wahrer Fürst. Eine der idealsten Erscheinungen, die ich nie wieder gesehen habe. Woher ich den Mut hatte, auch ihm vorzusprechen, weiß ich nicht. Aber ich fühlte mich unsagbar sicher bei diesen hohen Menschen, daß ich bei Seiner Hoheit loslegte. Als ich meine Szene beendet hatte, sagte er: ‹Ich danke Ihnen.› Das war alles. Ich war wie zerschmettert. Ich wurde entlassen durch ein Aufstehen Seiner Hoheit.»

Im Hotel ist sie verzweifelt und rechnet mit einem Mißerfolg. Am Abend wird ihr ein Dreijahresvertrag zu monatlich 75 Mark angeboten.

Trotz ihrer abenteuerlichen Pilgerfahrt nach dem Mekka des deutschen Theaters muß Adele ganz unten anfangen. Die Elevin wird auf der Bühne nur als stumme Person eingesetzt. Es wird ihr aber nicht langweilig, weil die Proben oft bis vier Uhr morgens dauern. Fasziniert verfolgt sie die Regie des Fürsten, dem nichts entgeht, der erst zufrieden ist, wenn das kleinste Detail stimmt. Hier werden Maßstäbe für eine

Herzog Georg II. von Sachsen-Meiningen, der «Theaterherzog». In dritter
Ehe heiratete er die Schauspielerin Ellen Franz, die Baronin von Heldburg.
Ihr Zusammenwirken an der Meininger Hofbühne machte Theaterge-
schichte.

Teamarbeit gesetzt, welche die Sandrock erst im Alter bei den Dreharbeiten im Filmatelier wieder realisiert findet. Die Filmleute wundern sich, daß sie trotz allen Starkults, den man um sie treibt, vor keiner Detailmühsal kapituliert und Dreharbeiten für eine einzige Szene, die acht bis zehn Stunden an einem Tag dauern, widerspruchslos mitmacht. Auf dem Theater war eine derartige Probenarbeit nicht üblich; oft wurde der Regisseur, den es natürlich gab, nicht einmal kleingedruckt auf dem Theaterzettel genannt. Das Durcharbeiten einer Rolle blieb dem Ehrgeiz der einzelnen Schauspieler überlassen, die dann auch von den Theaterkritikern für die Auffassung ihrer Parts verantwortlich gemacht wurden. Die Sandrock dachte vor allem in nächtlicher Stille zu Hause über eine Rolle nach.

Die junge Adele ist nicht enttäuscht, nur als stumme Person monatelang beschäftigt zu werden. Sie bleibt mit Feuereifer bei der Sache; am Rande des Geschehens gewinnt sie Überblick und lernt so ganze Stücke richtig kennen. Sie genießt es, Teil eines Ensembles zu sein, das nicht von vornherein auf große und kleine Auftritte festgelegt ist: «Wir waren ein Ensemble von lauter Souffleuren. Jeder von uns hätte dem anderen einhelfen können. So genau verfolgten wir den Ablauf der Szenerie. Monatelang durfte ich kein Wort auf der Bühne sprechen. Aber ich hätte jedes Wort, jede Geste im Traum wiedergeben können. Nicht nur die Frauenrollen, die Thusnelda in der ‹Hermannsschlacht› von Kleist, die Bertha in ‹Wilhelm Tell› oder die Amalia in den ‹Räubern›. Ich konnte auch den Carl Moor, überhaupt alle Männerrollen. Und ich merkte, daß ich nur auf der Bühne lebte, denn ich dachte Tag und Nacht daran.»

Die Meininger Lehrjahre dauern nicht so lange wie vorgesehen, denn bald kommt die Kehre, die für das Leben der Sandrock so typisch ist. In einer Kleinstrolle, die sie auf der Tournee des Hoftheaters mit Shakespeares «Julius Caesar» in

Wien und Budapest spielt, hatte sie ihren fürstlichen Mentor sehr zufriedengestellt: Vor der Leiche Julius Caesars hatte sie einen Schrei auszustoßen, bevor sie an der Bahre niedersinkt. Sie erhält ihre erste Sprechrolle, die Perdita im «Wintermärchen», aber da weigert sich der später so berühmte Josef Kainz, der auch schon mit fünfzehn Jahren auf der Bühne stand und nur fünf Jahre älter ist als Adele: «Mit der spiele ich nicht», und selbst der Einspruch des Herzogs kann daran nichts ändern. Kainz gilt damals schon als Genie und geht bald darauf nach München, wo er vom bayrischen König Ludwig II., dem er auch nachts vorspielen muß, verwöhnt wird wie früher Richard Wagner. Seine Stärke sind klassische Rollen als Liebhaber oder Charakterdarsteller: Ferdinand in Schillers «Kabale und Liebe», Hamlet oder Kleists «Prinz von Homburg». Von 1883 bis 1899 ist er am Deutschen Theater in Berlin, wo er wenig in modernen Stücken spielt, aber die Klassiker mit solch elementarer Leidenschaft, daß seine Ausbrüche nicht selten das Publikum erschrecken.

Daß Kainz mit ihr kein Liebespaar spielen will, kränkt Adele tief; ihr hilft kein Hinweis, daß solche Fälle beim Theater vorkommen. In ihrem ersten Engagement an einer der ersten Bühnen unternimmt sie den Schritt, der ihre Bühnenlaufbahn mehrfach unterbricht. Sie schlägt eine Tür zu, ohne daß für einen Außenstehenden ein verhältnismäßiger Anlaß erkennbar wäre. Statt nachzugeben, verläßt sie lieber ein Theater, an dem sie noch zwei Jahre mehr hätte lernen können als irgendwo sonst. Weder das Zureden des Fürstenpaars noch die Aussicht, nach Auslauf des Meininger Vertrages ohne Schwierigkeit an einer größeren Bühne engagiert zu werden, können daran etwas ändern. Nach einem Jahr kehrt sie zu ihren Eltern nach Berlin zurück und verdient sich durch Arbeit im Haushalt fremder Familien das Geld für den Schauspielunterricht.

Zwei Jahre später, im August 1879, reist sie mit ihrer Mutter zur Schwester nach Petersburg, wo Wilhelmine bereits in einem festen Vertragsverhältnis Theater spielt. Die ältere Schwester ist in allem das Gegenstück zu Adele: eine sanfte Schönheit, die mit vierzig eine stille Betschwester wird, vor allem aber äußerst zuverlässig ist in der Erfüllung langfristiger Verträge.

Kaum in Petersburg angekommen, lernt die Sandrock Adolf L'Arronge kennen, einen der beweglichsten Theaterdirektoren dieser Jahre; er ist ein Entertainer, der selbst auch Volksstücke schreibt, die mit großem Erfolg ihren Weg auf den deutschen Bühnen machen, weil sie, humorvoll und sentimental, wenig Lebenswahrheit besitzen.

L'Arronge verdiente so viel Geld, daß er 1881 das Friedrich-Wilhelmstädtische Theater in Berlin erwerben konnte, das er nach einem Umbau 1883 als Deutsches Theater eröffnete und bis 1894 leitete. Mit diesem privatwirtschaftlich geführten Theater stellte er sich dem sterilen Königlichen Schauspielhaus entgegen und setzte die Klassiker von Shakespeare bis Kleist auf den Spielplan. Die wirklichkeitsnahen Aufführungen des Deutschen Theaters markierten den Beginn des modernen Theaterlebens in Berlin.

Es war also kein gewöhnlicher Entertainer, der so frühzeitig das schlummernde schauspielerische Talent der Sandrock wahrnahm. 1879 hält er sich in Petersburg auf, weil er für sein Deutsches Theater in Moskau eine junge Liebhaberin sucht. Als erfahrener Praktiker erkennt er sofort, welches Talent in der Sandrock steckt, und engagiert sie ohne viel Umstände zunächst für seine Moskauer Bühne.

Adele, die nunmehr siebzehn Lenze zählt, lebt in Moskau ganz auf sich selbst angewiesen und fühlt sich in ihrer Abenteuerlust durch keine familiäre Autorität behindert. In Moskau beginnt ihre Zeit als jugendliche Liebhaberin auch außerhalb der Bühne. Die Häuser reicher deutscher Kaufleute stehen ihr offen, und sie lernt Trinken und Zigarettenrauchen in großem Stil. Selbst die Zügel führend, jagt sie mit vierspännigen Pferdekutschen und -schlitten über Land. Die Moskauer Zeit, schauspielerisch unergiebig, bringt eine Unbändigkeit in ihre Art zu leben, die nicht allein den Lebensgenuß steigert. Sie wird auch vorurteilsloser gegenüber Menschen und Lebensumständen. Schnitzler, etwas bigott, sah darin allerdings vor allem einen beängstigenden Hang zur Verwahrlosung. Oft trägt er Adeles Sarkasmen in sein Tagebuch ein und befürchtet einen Mangel an Distinktion: «Du liebst einen Hausknecht um seines Geistes, und mich um meiner Schönheit willen!»

Durch den gewaltsamen Tod des Zaren im März 1881 findet dieses wilde Leben ein plötzliches Ende. Alle Theater in Rußland werden geschlossen. Der Abschied von Moskau fällt Adele nicht leicht, aber letzten Endes hat sie alles erreicht, was in siebzehn Monaten hier zu erreichen war. Sie verläßt diese Stadt als eine Frau, der bewußtgeworden ist, welche erotische Macht sie ausstrahlt. Sie weiß, sie wird Erfolg haben, und scheut dabei auch nicht die Betten der Regisseure. Zugleich aber weicht sie vor keiner Auseinandersetzung, weder mit einem Liebhaber noch einem Theaterdirektor, zurück. In Wien, wo die Angehörigen besserer Kreise blasiert sind, weil dies als unfehlbares Zeichen von Vornehmheit gilt, wird das laute, oft burschikose Auftreten der Sandrock, das sie in der Moskauer Zeit angenommen hat, mit Reserve registriert und nur schwer ertragen. Dort, wo man sich in Gesellschaft nicht mit den zackigen Manieren und der abgehackten Sprache des Militärs begnügt, lernt man die feinere Art des Umgangs von den Schauspielern des Burgtheaters, die zum Dank dafür geadelt werden. Die Schauspieler wiederum erweisen sich der guten Gesellschaft gegenüber erkenntlich: Sie wissen, was sie der hohen Institution schulden, und befleißigen sich außerhalb der Bühne einer Dezenz, die zeigt, daß sie dieser Stellung auch würdig sind.

Am Ende ihres Moskauer Engagements ergreift Adele erlebnishungrig die Chance zu einer Reise durch Spanien und danach einem längeren Aufenthalt in Paris. Vom Oktober 1881 bis zum Frühjahr 1883 Begleiterin einer freigebigen russischen Baronin, organisiert sie eine Reise durch die spanische Stierkampfsaison und nutzt jede Gelegenheit, die Kämpfe zu besuchen. Sie ist fasziniert von dem Geschehen, bei dem es, anders als auf der Bühne, ganz real um Tod und Leben geht. Einmal gerät sie derart aus dem Häuschen, daß sie dem Torero Mazantini ihren gesamten Schmuck in die Arena wirft.

In Rausch versetzt sie aber auch ein weniger elementares Spiel als der Stierkampf. In Paris erlebt sie fassungslos das nuancenreiche Spiel der Comédie-Française; sie glaubt, zum erstenmal im Theater zu sein: «Ich war wie berauscht. Weder vom Gebäude her noch von den Aufführungen ließ es sich mit irgend etwas vergleichen, was ich schon kannte. Dazu herrschte unter den Zuschauern eine Spannung, wie ich sie bis dahin nur in Spielsalons erlebt hatte. Man konnte sich nicht ausschließen. Obwohl ich nicht immer alles verstehen konnte, war ich einfach überwältigt, zutiefst ergriffen. Hier wollte ich bleiben und Schauspielerin werden.»

Sarah Bernhardt, die zu der Zeit noch Mitglied dieser ersten Bühne Frankreichs war, bewundert sie vor allem, und ihr will sie gleichen. Ohne zu überlegen trennt sie sich von der Baronin und nimmt Französischunterricht. Das Französische bereitet ihrer holländischen Zunge noch größere Schwierigkeiten als das Deutsche, das sich die Sandrock in bewunderungswürdiger Anstrengung erworben hat. Nur wenige Monate dauert ihr Aufenthalt in Paris, aber ihre Vorstellung von dem, was eine wirkliche Schauspielerin leisten muß, hat sie hier, beeindruckt von Sarah Bernhardt, gewonnen.

Aber der Sinn für die Arena war ebenso mächtig: «Ich bringe den Gedanken an den Zirkus nicht mehr los in mir. Es bricht los, es tobt die Arena, der Sand fliegt auf, die Todes-

gefahr droht und dann das ferne Beifalltosen der Menge.»
Nicht nur als inspirierte Botschafterin der hohen Kunst be-
tritt die Sandrock die Bühne, sie erfährt sich auch als beifall-
süchtige Kunstreiterin, die auf dem Rücken galoppierender
Pferde ihre Pirouetten dreht und jeden Augenblick abstür-
zen kann. Ort des Geschehens vor ihrem inneren Auge ist
eine gewaltige Arena, die Assoziationen an römische Circen-
sien weckt, an wilde Tiere und tapfere Gladiatoren, wo die
Stärke des Beifalls unmittelbar über Tod und Leben eines
Kämpfers entschied.

Eine enttäuschend verlaufene Gastspielreise nach New
York im Frühjahr 1892 bringt die Diva zu dieser Konfession.
In einem Aufsatz, «Zirkusgedanken», hat Frank Wedekind
einmal seine Ansichten über die dramatische Kunst an dem
Unterschied zwischen der Zirkusreiterin und der Trapez-
künstlerin erläutert. Die scheinbar nur leichtfüßige Kunstreiterin muß in jeder Sekunde ihre Balance finden; die Tra-
pezkünstlerin dagegen, für die Menge atemberaubend in der
Zirkuskuppel schwebend, bricht sich zwar das Genick, wenn
sie abstürzt, aber die zwei Punkte, an denen das Trapez be-
festigt ist, mindern das Wagnis ihrer Kunst erheblich.

In Nietzsches «Zarathustra» wird der Seiltänzer, der auf
dem Markt unter den Augen einer großen Menge seine
Kunst vorführt und dabei abstürzt, geachtet, weil er «aus der
Gefahr seinen Beruf gemacht» hat. Zarathustra sieht in ihm
einen Gefährten.

Mit ihrer Zirkusmetapher befindet sich die Sandrock also,
ohne daß sie darauf Wert gelegt hätte, nicht in der schlech-
testen Gesellschaft.

Arthur Schnitzler freilich denkt da in eine ganz andere
Richtung; allerdings auch nicht gerade bescheiden. Ein Brief
an Olga Waissnix verrät, von welchem Theater er träumt:
«Wissen Sie, was mein Ideal wäre? Eine große Bühne und ein
Zuschauerraum von 30 bis 50 Personen. Das wäre die Mög-
lichkeit für eine neue Kunst. Ich habe weniger die Sehn-

sucht, irgend einmal von einer großen Menge Menschen ap-
plaudirt (sic), als von wenigen verstanden zu werden.»

Schnitzler will die Bühne als Mikroskop, das die feinsten
Details sichtbar macht, und denkt dabei an nur wenige Ken-
ner, die mit diesem Instrument umgehen können. Die Bühne als Arena und die Bühne als Instrument zur Nahsicht –
ein größerer Unterschied ist kaum denkbar. Hinzu kommt
die unterschiedliche Perspektive: Die Sandrock spricht als
Schauspielerin, die ihre Rolle nacherlebt, wenn sie im Zentrum agiert, während der Autor versteckt hinter den Kulissen auf den Zuschauerraum blickt, neugierig, ob ihn die Zuschauer auch richtig verstehen.

Mit Zirkus und Arena meinte die Sandrock aber auch innere Vorgänge, ihre Aufregung und Gehetztheit beim Spiel.
So klagt sie Hermann Bahr, wie sehr die Auftritte ihre Nerven belasten: «Ich leide unendlich. Nach der Vorstellung lie-
ge ich oft eine Stunde, ganz gebrochen und erschöpft, bis ich
mich langsam wieder besinne.» Auf diese Erschöpfungszu-
stände ist sie keineswegs stolz; sie weiß, es gibt hervorragen-
de Schauspieler, die ohne sie auskommen, und sie beneidet
Friedrich Mitterwurzer, mit dem sie gern auf der Bühne
stand, um dessen Seelenruhe.

Trotz aller Liebe zum Zirkus: Das darstellerische Repertoire
der Tragödin beschränkte sich nicht auf große Gesten und
emotionale Ausbrüche von elementarer Gewalt, wie den
berühmten «Sandrockschrei» über einer Leiche. Sie beein-
druckten, riefen aber keinen Begeisterungstaumel hervor. Es
waren vor allem ihre leisen Töne, etwa als sterbende Kameliendame, die das Publikum – und hier machte Schnitzler als
Theaterbesucher keine Ausnahme – vor Rührung zum Ta-
schentuch greifen ließen.

Tilly Newes, die spätere Frau des Dramatikers Frank Wedekind, die nach 1900 mit der Sandrock häufig auf der Bühne stand, hebt hervor: «Im täglichen Leben sprach Adele im-

mer in hochdramatischem Ton, aber auf der Bühne konnte sie ganz einfach, menschlich und erschütternd sein.» Nicht als die Kommandeuse, die wir heute von der Leinwand kennen, wurde die Sandrock berühmt, sondern als eine Schauspielerin, die sich an der französischen Theaterkultur orientiert: mit leisen Tönen, Pausen und geschmeidigen Bewegungen, die den ganzen Körper zum Sprechen bringen, so daß aus Blicken, Worten und dem präzisen Einsatz des Körpers ein Ensemble lebendigen Ausdrucks entsteht.

Noch heute geht das herrische Auftreten der Sandrock im Film vielen auf die Nerven; der tiefe Ton ihrer Stimme, ihr eindringlicher Blick, dazu die junonische Körperfülle im Alter mobilisieren archaische Ängste vor der dominierenden Frau. Die Erinnerungen von Kollegen, Theaterkritikern und Schriftstellern, von Männern und Frauen, die sie schätzen, durchzieht die Klage, sie sei nicht fähig gewesen zum Kompromiß; erst im Alter, als es zu spät war, sei es dazu gekommen. Dies soll hundert Jahre später nicht in Abrede gestellt werden. Die Sandrocksche Uneinsichtigkeit hat aber auch eine sympathische Seite. Ihr Oppositionsgeist, der sie nie verlassen hat, unterscheidet ihre Karriere von der vieler anderer Bühnenkünstler, die beliebt sein wollten um jeden Preis.

Auf der Bühne im Leben

Die Flucht der vierzehnjährigen Adele aus ihrem Elternhaus wirkt heute abenteuerlich, war aber im Theaterboom der Gründerzeit nicht außergewöhnlich. Hunderte von jungen Mädchen, die ihre Eltern durch den Wunsch, zur Bühne zu gehen und berühmt zu werden wie Sarah Bernhardt oder Charlotte Wolter, in Verzweiflung stürzten, blieb kein anderer Ausweg. Adele hatte sich immerhin an eins der Hoftheater gewandt, an denen sich nicht nur in künstlerischer Hinsicht, sondern auch in sozialer unvergleichlich günstigere Bedingungen fanden als an den übrigen Theatern. Dort herrschte ein Kampf ums Überleben, der sich heute noch im Rotlichtmilieu der Großstädte abspielt. Die jungen Frauen, die, aus Liebeskummer oder weil sie es sonst nicht mehr zu Hause aushielten, ihr Glück auf der Bühne suchten, wurden von den Theaterdirektoren erst in zweiter Linie als Schauspielerinnen angesehen, sie hatten vor allem die erotischen Bedürfnisse von Theaterbesuchern und Kritikern zu befriedigen. So war es üblich, daß die Kritiker in der Garderobe erschienen, um ihre Reize aus nächster Nähe zu begutachten, und es war selbstverständlich, daß eine Künstlerin ohne Begleitung einen Kritiker aufsuchte, um sich persönlich für ein Lob in der Zeitung zu bedanken. Und dies zu einer Zeit, wo der tadellose Ruf einer Frau alles bedeutete.

Die Schauspielerinnen waren nicht nur für sich selbst auf gute Kritiken angewiesen, noch mehr waren es die Theaterdirektoren: Durch die Vielzahl der Etablissements unter größtem Druck, unternahmen sie alles, um den Kontakt zwischen den Herren der Kritik und den jungen Schauspielerinnen reibungslos zu gestalten. Es gab Vorpremieren eigens für die Kritik, mit anschließender Feier im Chambre séparée, Dinereinladungen mit ausdrücklichem Hinweis auf die Anwesenheit der hoffnungsvollen jungen Talente.

In krassem Gegensatz zur erotischen Kapitalanlage für die Direktoren standen die Hungerlöhne zwischen 25 und 100 Mark im Monat, gemessen am tatsächlichen Aufwand für ein Leben am Theater allenfalls eine Anerkennungsgebühr. Glanzvolles Erscheinen auf der Bühne und in der Öffentlichkeit, ohne an die bedrückende Geldnot zu denken, gehörte zum Lebensalltag der Schauspielerinnen. Diesem Widerspruch mußte jede Aktrice gewachsen sein und zugleich noch in Kauf nehmen, als hysterisch zu gelten.

Glanz und wirtschaftlichen Ruin brachten die vielen Kostüme, um die sich für die Frauen am Theater alles drehte. Eine Schauspielerin hatte selbst für sie aufzukommen, und man erwartete von ihr in jedem Akt ein anderes, möglichst exquisites Kleid. Durch ihre Toiletten zeigten sich die Schauspielerinnen nicht nur von ihrer besten, das heißt verführerischsten, Seite, sondern versöhnten auch die Damen der Gesellschaft, die hier Anregungen für die eigene Garderobe erwarteten, mit der erotischen Konkurrenz.

Die Herren unter den Zuschauern betrachteten die Schauspielerinnen als «Freiwild». Edler als die Prostituierten und den sexuellen Wünschen der Männer zugetaner als die anständigen Frauen, waren sie ein Objekt der Begierde, das die Phantasie, aber auch den Jagdtrieb der Gentlemen beherrschte. Unter ihnen befanden sich die Finanziers des theatralischen Vergnügens, und bei diesen Wohlgefallen zu erregen, womöglich bis zur Heirat, war der uneingestandene Zweck einer Theaterkarriere. Ohne wohlsituierten Liebhaber konnte eine Schauspielerin nicht existieren. Die immer aufregende Frage «Wer mit wem?» erhielt durch die exponierte Position der Frauen auf der Bühne einen zusätzlichen

Reiz. Insbesondere setzten Spekulationen darüber, wer wohl den Schmuck gezahlt hatte, mit dem eine Schauspielerin ihr Publikum überraschte, Vorstellungen über die ökonomische Potenz eines Liebhabers frei, die dem edlen Spender schmeichelten und dessen erotische Ausstrahlung erhöhten.

Bei der Verführung auf offener Bühne war an einen Striptease noch nicht zu denken, nur an eine Mischung von Schamhaftigkeit und erotischer Exhibition. Viele Darstellerinnen gingen aber, nachdem sie die ersten Hürden genommen hatten, nicht mehr aufs Ganze und versuchten, ihren Ruf zu retten, indem sie als mädchenhafte Liebhaberinnen überzeugten und den sentimentalsten Neigungen im Publikum entgegenkamen.

Die Großen der Epoche wie Sarah Bernhardt und Eleonora Duse kannten diese Zurückhaltung nicht und präsentierten sich herausfordernd als leidenschaftliche Liebhaberinnen im Leben wie auf der Bühne. Als man in den zwanziger Jahren der Prüderie den Kampf ansagte und einmal lebhaft diskutierte, wieviel nackte Haut eine Schauspielerin auf der Bühne, ohne berechtigten Anstoß zu erregen, zeigen könne, bemerkte Adele Sandrock nur trocken: «Ich verstehe die Aufregung nicht. Eine Schauspielerin ist auf der Bühne immer nackt, auch im Kostüm!»

Die Sandrock greift damals nach Skandalrollen und setzt alles auf eine Karte. Mit der Iza in der «Affaire Clemenceau», der Fanny Theren und der Gräfin Geschwitz in Wedekinds «Die Büchse der Pandora» setzte sie ohne Rücksicht auf ihr Renommee alles daran, Außenseiterinnen, welche die Gesellschaft moralisch verurteilt, in ihrer Menschlichkeit zu zeigen. Ihre Mutter verbreitete sich derweil tagaus, tagein in hausbackenen Ansichten, die kaum zu ertragen waren, und behandelte sie wie ein schwer erziehbares Mädchen. Der höchste Wunsch von Nans ten Hagen war es, ihre Tochter so schnell wie möglich lukrativ zu verheiraten, und sie prüfte jeden Liebhaber auf Tauglichkeit. Zu Hause hatte die Diva also, sehr ungöttlich, ständig die enervierenden Mahnungen dieser Frau, von der die Tochter offenkundig den Eigensinn geerbt hat, in den Ohren. Je älter sie wurde, um so mehr setzte Adele gerade die furchtbaren weiblichen Energien in Szene, um den Kampf der Geschlechter, der im Namen der Zivilisation von der bürgerlich-patriarchalischen Gesell-schaft geleugnet wird, deutlich und blutig zu demonstrieren. Deshalb ging ihr Engagement über die Darstellung weiblicher Opfer hinaus; sie wollte auch wüste Heldinnen spielen.

Zwang haßte sie auch im Umgang mit Menschen; sie redete laut, gestenreich und als nervöse Aktrice auch ziemlich schnell. Einfühlungsvermögen besaß sie vor allem auf der Bühne, im Alltag war es nicht ihre Stärke. Was ihr durch den Kopf geht, und das sind die unterschiedlichsten Dinge, muß schnell heraus. Sie ärgert sich oft und kann nichts hinunterschlucken. Sie sucht vor allem emotionale Entlastung. So ist es auch durchaus typisch, daß sie in ihren Briefen an Schnitzler abrupt einlenkt, wenn sie ihren Zorn losgeworden ist. Oft dient ihr Wortschwall auch als Rauchvorhang, um Sachverhalte zu verschleiern oder möglichen Angriffen zuvorzukommen. Um von einem eigenen Seitensprung abzulenken, geht sie gern in die Offensive und beschuldigt wortreich den Geliebten, der sich angeblich nicht blicken ließ.

Ihre Briefe an Schnitzler sind sprachlich exaltiert, solange sie ihre Einsamkeit beklagt, von ihrer Liebe schwärmt, den Geliebten bewundert und die übrige Welt verachtet. Die Gefühlswelt der Sandrock wirkt in ihren Briefen wie mit romantischen Versatzstücken ausgestattet, die jeweils zum Gebrauch herangezogen werden. Nur als Schimpfende besitzt die Diva einen eigenen Ton; sonst steht nur die Sprache des Poesiealbums zur Verfügung. So bringt sie ihre Liebeswut, die so ganz von dieser Welt ist, in einer romantischen Bildersprache zu Papier, der gerade diese Leidenschaft gänzlich fremd ist. Adalbert von Chamissos Gedichtzyklus «Frauen-Liebe und -Leben» lieferte die sprachlichen Klischees für die weibliche Unterordnung und Passivität. In der Vertonung durch Robert Schumann hatten sich diese Verse im Klavier- und Gesangsunterricht den Bürgertöchtern eingeprägt und bildeten den Standard für die Gefühlsabrichtung höherer Töchter: «Er, der Herrlichste von allen, / Wie so milde, wie so gut! / Holde Lippen, klares Auge, / Heller Sinn und fester Mut.»

Der geliebte Mann, mit dem es nie einen Streit gibt, ist der Frau: alles, Welt, Sonne und Sternenhimmel. Als hätte sie gerade Chamisso gelesen, schreibt die Sandrock am 29. Dezember 1893: «11 Uhr Nachts in Wien, Mein Alles!! – Entseelt vor Wonne und Glück blieb ich fassungslos sitzen, als ich Deinen süßen Brief erhielt! – Bin doch sonst auf der Heide allein, über welche die Stürme dahinsausen, ein Wort von Dir, und ich bin einverstanden mit dem Leben, innerlich glücklich lustig – und niemand hat mich wohl so auflachen geseh'n. Arthur, Du bist der beste von Allen, die da auf der Erde herumzigeunern, es raubt mir den Athem, wenn ich an Dich denke, aufschreiend möchte ich vor Dir niedersinken und Dir plötzlich sagen, ich hab Dich grenzenlos lieb Arthur, lieb für die *Ewigkeit*! –» Dieses Glücksgefühl, das wie auf der Bühne in einen Kniefall übergeht und in ein Zitat einmündet, den Schlußsatz vom 2. Akt des «Märchen», beeinträchtigt nur ein peinigender Gedanke: «Wie lange wird mein Glück dauern? Jetzt leuchtet mir meine Sonne in tausend frohen Farben – aber wie traurig und düster wird sie mit großen hohlen Augen auf mich herabseh'n, wenn Du – Du Einziger den Strahl verlöschen wirst!»

Überhaupt moduliert die Sandrock in ihren Briefen die Stufenleiter hingebungsvoller Weiblichkeit. Sie wirkt anschmiegsam, liebebedürftig und madonnenhaft beschützend; ganz anders als in ihrem Bühnenrepertoire, bei dem sie fordernde, zerstörerische Frauen mit großer erotischer Ausstrahlung bevorzugt: Lady Macbeth und Shakespeares Cleopatra, Emilia Galotti, Hebbels Judith, die triebhafte, unmütterliche Rita Almers in Ibsens «Klein Eyolf» und die russische Anarchistin Anna Mahr in Hauptmanns «Einsame Menschen». In den Briefen an Schnitzler aber lockt sie nicht nur als sehnsüchtig Verliebte, sondern auch als Mutter, die den Geliebten in ihrem Leib als Kind austrägt, es beschützen will und ihm die Welt erklärt. Sie spielt Jungfrau und zugleich Witwe, die auch dem Dahingeschiedenen noch die Treue halten wird. Sie wird der Männerphantasie gründlich gerecht.

Glücklicherweise sind ihre Briefe nicht aus einem Guß. Die romantisierende Übertreibung wird oft ernüchtert durch abrupte Übergänge und Stimmungswechsel. Monoton ist sie hier so wenig wie auf dem Theater, wo sie den «hohen Ton» oft zugunsten der psychologischen Glaubwürdigkeit unterbricht. Arthur Schnitzler findet sich, gerade noch in den Himmel gehoben, plötzlich als «gemüthsroher Hund» charakterisiert, und unfreiwillig komisch wird es, wenn sie jubelt, daß Schnitzler nicht verlobt ist, und verlangt: «Du sollst nicht heiraten, vielen Frauen entginge dann ein Genuß!» Auch sarkastische Töne findet sie, mit Versen für ihn, die eines Operettenhelden würdig wären: «Ob Diva, ob Choristin, / Ob Vorstadtmadl, ob Modistin / Dir bleibt es sich ja gleich.»

Auch wenn sie nicht mit dem Geliebten Schlitten fährt oder auf der Bühne steht, verstößt die Sandrock mit Wonne gegen den herrschenden Konsens und reizt die Mächtigen. Ihre einfühlsame Biographin Jutta Ahlemann schildert drei Beispiele aus verschiedenen Lebensabschnitten, die sehr amüsant illustrieren, daß die Sandrock auch als Hof- und Staatskünstlerin nicht in der Lage ist, das Frondieren zu lassen: «Als sie einmal bei einem Fest der reichen Fürsten Esterházy, auf dem der gesamte ungarische Hochadel versammelt war, darum gebeten wurde, zur Freude der Anwesenden ein Gedicht vorzutragen, entschied sie sich für Gretchens Liebeslied aus ‹Faust I›: ‹Meine Ruh' ist hin, mein Herz ist schwer.› Um jedoch dem gefühlvollen deutschen Text als Kompliment für die Gastgeber einen ungarisch-feurigen Schluß zu geben, stieß sie am Ende den Ruf aus: ‹Auf, Magyare!› Dieser Ruf ist dem Adel verhaßt, weil so der Titel eines Petöfi-Gedichtes lautet, mit dem der ungarische Dichter für die Abschaffung der Leibeigenschaft kämpfte. Befremdet kommt nur spärlicher Beifall auf. Die Sandrock reagiert blitzschnell komödiantisch: ‹Auf, Magyaren – ans kalte Büfet!› ruft sie lachend. Und mit diesem Zusatz war dann die erstarrte, adelige Gesellschaft einverstanden.» Die Szene spielte 1887/88 in Budapest. Damals war die Sandrock fünfundzwanzig und auf dem Höhepunkt ihrer gesellschaftlichen Laufbahn.

Brisant wird es auch, als der gemütliche Erzherzog Wilhelm seinem kaiserlichen Bruder Franz Joseph eines Tages im Prater den neuen Stern des Deutschen Volkstheaters vorstellt: «‹Und das, lieber Franz, ist die neue Königin von Wien!› Adele wird rot, aber sie kann nicht anders, sie muß antworten: ‹Majestät brauchen aber für Ihren Thron nicht zu fürchten!›» Nicht einmal vor dem geliebten Kaiser hört die Sandrock mit ihrer Respektlosigkeit auf. Ihre Replik macht die Runde und wird sehr unterschiedlich kommentiert. Kein Wunder jedenfalls, daß ihr Engagement am Burgtheater den Konservativen von Beginn an ein Dorn im Auge ist.

Nach 1933 unterhält die Sandrock bei einem Empfang im Propagandaministerium ihre Zuhörer mit Geschichten aus ihrer Zeit am Burgtheater. Hitler tritt hinzu und erzählt von seinen Burgtheatererlebnissen. Als er bedauert, daß dort auch jüdische Schauspieler zu Ruhm gelangten, erklärt die Sandrock unüberhörbar: «Herr Reichskanzler, lassen wir das Thema. Ich möchte nichts davon hören. Aber, falls es Sie in-

Max Burckhard, Direktor des Burgtheaters von 1890 bis 1898, wirkte als Exponent der «Modernen». Schnitzler bezeichnete seinen Liebesvorgänger bei der Sandrock als interessante Mischung von «reinem Toren und gefinkeltem Diplomaten».

teressiert und unter uns: Meine besten Liebhaber waren immer Juden!» Mit traumwandlerischer Sicherheit trifft die Sandrock den Nerv der Mächtigen. Ihr Protest hat dabei etwas Spielerisches, vermeidet den Frontalangriff und nutzt die eher private Situation als Deckung.

Das Kraftfeld der künstlerischen Existenz der Sandrock bildet das Burgtheater; auch wenn sie es dort nur vom Februar 1895 bis zum Oktober 1898 ausgehalten hat. Dort zu spielen wünschte sie sich schon als Anfängerin in Meiningen, und bis ans Ende ihrer Tage beklagte sie den Fehler, aus dem Ensemble ausgeschieden zu sein. Daß sie im Unterschied zu ihrer Schwester Wilhelmine 1884 vom Direktor Wilbrandt als begabt, aber nicht schön genug, zurückgewiesen wurde, erschütterte sie, ließ sie danach aber an ihrer Erwartung nicht irre werden. Man sagt nicht zuviel, wenn man feststellt, daß nicht die Sandrock sich ändern mußte, bis es zum Vertrag mit dieser Hofbühne kam, sondern das altehrwürdige Burgtheater mit einer Krise, an der es fast zugrunde ging.
Die alte «Burg», die 1888 abgerissen wurde, war ein enger Holzkasten, in dem man gut sehen, aber vor allem hervorragend hören konnte. Es herrschten die akustischen Bedingungen für eine Sprechbühne par excellence, und Ensemblegeist wie auch eine zurückhaltende Spielkultur konnten sich entfalten. Hofmannsthals Konversationsstück «Der Schwierige» hätte hier aufgeführt werden müssen. Der umstrittene repräsentative Neubau von Semper und Hasenauer, eine neronische Schöpfung, wie Kritiker bemerkten, unterbrach jedoch eine Jahrzehnte dauernde Entwicklung, die den Ruf dieser Institution begründet hatte. Nun spielten zwar noch die bewährten Kräfte von früher, vor allem die Wolter, Sonnenthal und Ernst Hartmann, um die drei berühmtesten zu nennen; aber das nunmehr viel zu große Haus, voller akustischer Tücken, brauchte ein neues Konzept. Interimsdirektionen aus den Reihen der Schauspieler oder der Hausauto-

ren waren zwei Jahre lang wenig hilfreich. Im neuen Prachtbau drohte die alte Schule des Burgtheaters zugrunde zu gehen.

In dieser kritischen Situation erhielt ein Außenseiter, der
als k. u. k. Ministerialbeamter und Privatdozent für Pri-
vatrecht nie daran gedacht hatte, Burgtheaterdirektor zu
werden, eine Chance. Es war die Stunde Max Burckhards.
Von den Jungen erhofft, um so mehr von den alten Burg-
theaterleuten und ihrem Anhang mißtrauisch beobachtet,
nahm er im Mai 1890 als genialer Dilettant seine Direktions-
tätigkeit auf. Er brachte vor allem Ibsen, unter der langen
Ägide des Vorgängers Wilbrandt vom Burgtheater verbannt,
wieder zu Ehren und setzte Gerhart Hauptmann, der sich in
Berlin mit seinem Drama «Vor Sonnenaufgang» durchgesetzt hatte, auf den Spielplan. Friedrich Mitterwurzer, einen
überragenden Schauspieler, der die «Burg» verlassen hatte,
holte er wieder zurück und verfügte damit über eine Haupt-
stütze für das neue Programm. Als Mitterwurzer 1897 starb,
empfanden die «Modernen» seinen Tod als Katastrophe – für
die Sandrock bedeutete er den Verlust ihres kongenialen
Partners und verständnisvollen Mentors. Aber jetzt gewann
Burckhard Josef Kainz, der am Deutschen Theater in Berlin
Triumphe feierte, zum Nachfolger. Josef Kainz prägte für ein
Jahrzehnt den Charakter dieser ersten Bühne im deutschsprachigen Raum: bei den achtunddreißig Klassikerpremie-
ren spielte Kainz dreiundzwanzigmal die Hauptrolle. Ein ris-
kanter Zug Max Burckhards im ersten Jahr seiner Direktion
war die Verpflichtung der Sandrock, die sich zu ihrem
großen Bedauern kurz zuvor durch einen Fünfjahresvertrag
an das Deutsche Volkstheater gebunden hatte. Als die Nach-
richt über diese Neuverpflichtung bekannt wurde, löste sie
sofort eine kulturkampfähnliche, öffentliche Diskussion aus,
als stünde der Einzug der umstrittenen Diva unmittelbar bevor. Burckhard hatte die frischgebackene Diva des Volkstheaters noch nicht spielen sehen und gehörte eigentlich zu

ihren Verächtern. Er glaubte den Gerüchten der Konservativen, wonach die Sandrock höchstens für Szenen moderner Hysterie und Nervosität begabt sei. Die «blonden Bestien» seien ihre Spezialität, das Klassische könne sie nicht.

Burckhard mußte lange überredet werden, bevor er ins Volkstheater ging. Doch als er die Sandrock zum erstenmal sah, war er hell begeistert und studierte sie dann aufmerksam in verschiedenen Rollen. Ihre Ausstrahlung fesselte ihn derart, daß er ihr nach zwei Monaten einen Vertrag als Erste Tragödin anbot. Nachdem die Vertragsunterzeichnung gegen heftigen Widerstand durchgesetzt war, begann er wenig später eine heimliche Liebschaft mit seiner Diva. Er beendete sie unfreiwillig, als er sie unglücklicherweise zu einem Gastspiel in New York überredete. Tourneen in die USA kommen Anfang der neunziger Jahre in Mode, um die Weltgeltung eines Theaterstars zu unterstreichen; die Duse, die Bernhardt wetteifern darin. Statt des erhofften Triumphes erntet die Sandrock gerade nur einen Achtungserfolg, den sie durch Meldungen in der Wiener Presse während ihrer Tournee aufzubauschen versucht. Sie macht Burckhard für dieses Desaster verantwortlich und würdigt ihn bei der Heimkehr keines Blickes, als sie am Bahnhof an dem sehnsüchtig Wartenden vorbeigeht. Ohne jede Rücksicht auf den Direktor, mit dem sie später zusammenarbeiten muß, serviert sie den Liebhaber ab, von dem sie bei Schnitzlers erstem Empfang im Boudoir schwärmt: «Der Einzige, den ich geliebt!» Aber der Dichter läßt noch auf sich warten.

«Das Märchen» am Ende

Als Schnitzler zwischen November 1890 und März 1891 «Das Märchen» schrieb, wollte er damit einen Liebeskonflikt bewältigen. Marie Glümer, die junge Schauspielerin, mit der er seit Juli 1889 liiert war, hatte Wien verlassen. Weil er ihr nur ein heimliches Liebesverhältnis erlaubte, hatte sie auswärtige Engagements angenommen und sich damit seiner unmittelbaren Kontrolle entzogen.

Marie Glümer, «Mizzi», bedeutet ihm außerordentlich viel, aber er kann sie nicht heiraten, weil es schon zwei Liebhaber vor ihm gab. Sein Freund, der Arzt Theodor Friedmann, der sich selbst gutbürgerlich verloben will, hat sie mit Hintergedanken in seine Praxis geschickt. Schnitzler ahnte von nichts; die junge Frau hat es ihm gestanden, bevor sie sich ihm hingab. Wieder allein, brütet Schnitzler über der Frage, wie denn Marie sich hat verführen lassen können und ob sie ihm jetzt wohl treu ist. Um sich Klarheit zu verschaffen und von einer Beziehung zu lösen, die für ihn unerträglich geworden ist, beginnt er also das Drama zu schreiben und hält sich dabei derart ans Tatsächliche, daß er selbst zweifelt, ob er das Stück veröffentlichen kann, ohne die Geliebte bloßzustellen.

Marie Glümer war keine große Schauspielerin und trat nur in Nebenrollen auf. Zwischen ihr und der Sandrock gibt es kaum etwas Vergleichbares. Es ist aber erstaunlich, wieviel gerade «Das Märchen» über die Konstellation der leidenschaftlichen Beziehung zwischen Adele Sandrock und Arthur Schnitzler aussagt. Manchmal scheint es geradezu, als lebten sie das Drama nach.

Der äußere Rahmen des beunruhigenden Geschehens ist übersichtlich. Schnitzler führt in einen kleinbürgerlichen Hausstand: eine Witwe, die sich nicht mehr recht in der Welt auskennt, mit zwei emanzipierten Töchtern. Klara, die ältere, wandelt als Klavierlehrerin auf dem Pfad der Tugend, während der gerade achtzehnjährigen Fanny als Schauspielerin in der Rolle eines «gefallenen Mädchens» der Durchbruch auf dem Theater gelingt. Fanny hat eine Verlobung von sich aus gelöst und war danach die Geliebte eines Arztes, bevor sie den Schriftsteller Fedor Denner, leidenschaftlich erregt, in dessen Wohnung aufsucht und ihm um den Hals fällt. Attraktiv und rebellisch, lebt sie im Unterschied zu ihrer pflichtbewußten Schwester ganz dem Augenblick. Ihr Durchbruch in der Rolle einer «Gefallenen» erinnert an die skandalumwitterte Premiere der «Affaire Clemenceau», die Schnitzler im Jahr zuvor erlebt hat, als Adele Sandrock über Nacht zum Star avancierte.

Im Hause Theren verkehren junge Leute, die, obwohl ziemlich harmlos, sich gegenseitig in freimütigen Äußerungen vor allem über das Liebesleben überbieten. Hinter einer Maske von Abgeklärtheit versuchen sie zu verbergen, wie unruhig und innerlich unsicher sie sind: so ähnlich muß es am Tisch der «Sensitiven» im Café Griensteidl zugegangen sein. Tonangebend ist der Dichter Fedor Denner, ein kaum verhülltes Selbstporträt des Autors; er vertritt das Recht der Frauen auf voreheliche Liebeserfahrungen, verstrickt sich aber selbst wenig später in patriarchalisches Geschwätz, das er bei sich längst überwunden glaubte. Bei Fanny Theren trat er als Liebhaber an die Stelle seines überlegenen Freundes Witte, und es quält ihn von Anfang an, daß seine Geliebte nicht nur schön ist und tief empfindet, sondern auch leidenschaftlich agiert. Denner scheitert, hin und her gerissen, ziemlich kläglich an seiner Eifersucht auf Fannys Vergangenheit: ein Weltveränderer, der sich selbst nicht ändern kann. Den Sieg im Kampf zwischen Vorurteil und freiem

Marie Glümer, die «kleine Schauspielerin», die Schnitzler während seiner Beziehung zu Adele Sandrock nicht vergessen kann.

Denken trägt der lässige Dr. Friedrich Witte davon, ein karrierebewußter Vertreter der guten Gesellschaft. Als einer jener weltoffenen Herren genießt er die neuen Möglichkeiten zu heimlichen, vorehelichen Liaisons mit bürgerlichen Mädchen, die nach der großen Liebe hungern. Es sind Frauen, die mehr bieten und zugleich billiger sind als die Kokotten, aber wenn es die Staatsräson will, kehren die Herren ohne Schaden an ihrer Seele in die Reihen des Wohlanstands zurück.

«Das Märchen» zeigte einen bestimmten Ausschnitt der Wiener Verhältnisse um 1890, und man staunt, wie eng selbst diese Großstadt, die Metropole eines Riesenreichs, damals tatsächlich gewesen ist. Die «gute alte Zeit» ist eben vor allem ein Produkt der umfangreichen Memoirenliteratur, die nach dem Zusammenbruch der k. u. k. Monarchie die «Welt von Gestern» als Gegenbild zum Terror des 20. Jahrhunderts beschwor. Arthur Schnitzler, obwohl oft als «Dichter einer versunkenen Zeit» apostrophiert, weinte ihr keine Träne nach, auch nicht in seinem Rückblick auf eine «Jugend in Wien». Und gerade am «Märchen» sieht man, warum er es nicht tat. Die Aufführung dieses Stücks machte Schnitzler und Adele Sandrock nicht nur miteinander bekannt. Wie unter einem Diktat begannen sie, es in ihrer Beziehung nachzuspielen und noch einmal voller Leidenschaft zu wiederholen, was im Drama und auf der Bühne zu einem unguten Ende gekommen war. Beide sahen sich nicht nur selbst in den eigenen Rollen als Dichter und Schauspielerin des «Märchen», sondern auch jeweils im Licht ihrer Gegenfigur. Adele Sandrock wirbt und kämpft um Arthur Schnitzler wie Fanny um Fedor Denner; für sie geht es um eine Fortsetzung des Stücks mit glücklichem Ausgang in ihrer Liebe zu Arthur. Der wiederum hat wie Fedor Denner von Beginn an Vorbehalte. Von Adeles Sinnlichkeit fasziniert, fürchtet er sich vor dem, was er als «etwas frechen Zug» um die Lippen der Fanny Theren beschrieben hat, und ihm graut vor der «kalten Schamlosigkeit des Tages», die bei dieser Frau auf die «süße Schamlosigkeit der Liebesnächte» folgen muß.

Die Sandrock wiederum fühlt sich zu Schnitzler hingezogen, weil er eine Figur wie Fanny Theren geschaffen hat, und glaubt sich von ihm verstanden wie Fanny nach dem Plädoyer des Fedor Denner. Wie Fanny liebt Adele den Dichter, der ihr eine Rolle geradezu «auf den Leib geschrieben» zu haben scheint. Die Verquickung der Realitätsebenen geht bis ins kleinste Detail und bleibt keineswegs auf die großen Linien beschränkt. Die «Märchen»-Fanny hat eine Freundin aus der Nachbarschaft, die ihr aus Berechnung schöntut, um ihr um so leichter bei den Therenschen Teeabenden Verehrer abspenstig zu machen. Diese Rolle spielt ein Fräulein Bock, die bei den Proben prompt Adeles Eifersucht provoziert. Schnitzler vernimmt zum erstenmal ihren Unmut: «Sie machen dem Fräulein Bock den Hof, während ich spiele –!» Aber auch sonst bedient sich die Sandrock ihrer Rolle, um Schnitzler zu umwerben. Eine Draufgängerin ist sie wie Fanny, die, ohne sich anzumelden, Fedor Denner in seiner Junggesellenwohnung besucht: «Ich bin so eine Person, die das im Stand ist – wenn ich mich in einen verlieb', komm ich einfach zu ihm.» Vier Tage später findet Schnitzler, als er von der Probe kommt, einen Zettel in der Manteltasche, auf dem die Sandrock schreibt: «Sie sind ein kleiner süsser Mensch. Das sagt Ihnen Fanny.»
    Zwei Tage vor der Uraufführung hat die Rolle von der Diva derart Besitz ergriffen, daß sie glaubt, auch Schnitzler könne dieser Autorität, die ja von ihm stammt, nicht widerstehen. Tatsächlich: Als sie den verehrten Dichter auf ihren Zettel anspricht, reagiert der peinlich berührt wie Fedor Denner, als Fanny seine Hand ergreift und innig küßt, um ihm für verständnisvolle Worte zu danken. Über Denner sagt die Regieanweisung: «Bleibt betroffen stehen, zuckt dann

schmerzlich zusammen.» – «Berührte mich unangenehm», trägt Schnitzler ins Tagebuch ein und fühlt sich den ganzen Tag über ernüchtert.

«Das Märchen» ist nicht das Emanzipationsstück, das die Sandrock daraus machen will. Nach dem Willen des Autors steht keine Heldin im Zentrum, sondern das Scheitern eines aufgeschlossenen Literaten, dessen Selbsterfahrung sich bis zur Emanzipationsverweigerung steigert. Die Befindlichkeit seines Helden interessiert den Autor weit mehr als die Rehabilitierung der «Gefallenen». Schon das Personenverzeichnis, identisch mit dem Theaterzettel der Uraufführung am 1. Dezember 1893, klärt einiges. Obenan steht Fedor Denner, als erster von insgesamt acht Männern, danach erst folgen die sechs Frauen, wobei Fanny Theren noch nach ihrer Mutter und der älteren Schwester aufgeführt ist. Die weibliche Hauptfigur rangiert gerade noch vor einer älteren Kollegin, einem Malerliebchen und der Bertha aus der Nachbarschaft!

Nach dem Personenverzeichnis charakterisiert Schnitzler auf anderthalb Seiten insgesamt die einzelnen Figuren nach drei Gesichtspunkten: soziale Stellung, körperliche Veranlagung und psychische Disposition. Er folgt damit der wissenschaftsgläubigen Maxime der sogenannten Naturalisten, wonach sich die Logik eines Handlungsverlaufs aus der Kombination verschiedener Faktoren ergibt und der Ablauf im menschlich-sozialen Bereich ähnlich vorhersehbar ist wie in der Natur. Meisterlich knapp führt Schnitzler seine Figuren als personelles Ensemble vor, bei dem das Äußere, seelische Konstitution und gesellschaftliche Rolle übereinstimmen, ohne daß nach der Schablone gearbeitet worden wäre.

Merkwürdigerweise fehlen nun aber bei Denner Hinweise auf sein Äußeres. Schnitzler betont vielmehr die innere Dynamik, die der Held nach außen kaschiert, ohne Blasiertheit: «Gelassenheit, die nicht ohne Absicht ist und durch welche eine gewisse Nervosität oft und leicht hervorbricht.

In seinem Zorn liegt nicht der Wille zu verletzen, sondern tief schmerzliche Erregung.»

Wie sein literarisches Ebenbild will Schnitzler kein Dandy sein. Seine guten Manieren sind kein Selbstzweck, sondern Schutz. Er ist es leid, daß man ihn mit Anatol identifiziert, dem entscheidungsunfähigen Lebemann seiner frühen Einakter. Deshalb macht er schon im «Vorspann» darauf aufmerksam, welche Mühe der Held mit seinen Gefühlen hat, um Contenance zu bewahren. Wo Fedor Denner und sein Autor die Dinge grob beim Namen nennen, stehen sie nicht überheblich außerhalb. Im Gegenteil, sie leiden innerlich gepeinigt an den Verhältnissen, in denen sie leben und die sie verabscheuen.

Schnitzlers rücksichtsloses Selbstporträt ist keine Ausnahme in der Literatur dieser Jahre. Wenn auch oft übersehen, war die Selbstkritik ein wichtiges Ingredienz der naturalistischen Bewegung. Die Naturalisten, Gerhart Hauptmann, Arno Holz und Johannes Schlaf, aber auch Hermann Sudermann, machen für das Unglück in der Welt nicht allein äußere Umstände verantwortlich, sie finden die Fehler auch bei sich selbst und sind nicht so selbstgerecht, wie ihre konservativen Kritiker behaupten. Die Darstellung des Fedor Denner folgt der gnadenlosen, ans Selbstzerstörerische grenzenden Definition des Dichtens, die Henrik Ibsen als handschriftliche Widmung in eines seiner Bücher eingetragen hat: «Leben ist Krieg mit Dämonen im Gewölbe von Herz und Hirn. Dichten, das ist Gerichtstag halten über sich selbst.»

Sehr früh schon gehörte Arthur Schnitzler zu jenen Anhängern Ibsens, die sich mehr als oberflächlich für den nordischen Analytiker bürgerlicher Verhältnisse begeisterten. Es waren zu Beginn der neunziger Jahre, besonders unter den Jüngeren, nicht sehr viele. In diesem Jahrzehnt der Krise und der Neuorientierung geriet ins Wanken, was vorher fest gegründet erschien: das «Wahre, Gute und Schöne» in der Kunst, das Kausalitätsdenken in den Naturwissenschaften und die Autoritätsstruktur des Kaiserreichs durch den unaufhaltsamen Aufstieg der Sozialdemokratie. Neue Künste und Therapien wie Film und Psychoanalyse, Lebensreform und Naturnähe grundierten die Stimmung; Esoterik und Okkultismus breiteten sich aus.

Die Generation der um 1870 Geborenen begann gerade Nietzsche zu lesen, lehnte das von bürgerlichen Eltern Überkommene schroff ab und erwartete eine ganz andere Zukunft. Von Leo Tolstoi war man auch außerhalb Rußlands beeindruckt, als der weltberühmte Autor der «Anna Karenina» in den achtziger Jahren mit einem Mal als Gutsbesitzer den Bauernkittel anzog und nur noch auf dem Lande lebte, um seine an der Bergpredigt orientierte Absage an die Zivilisation zu bekräftigen. Es wurde üblich, Ibsens Kritik an der bürgerlichen Gesellschaft als Anprangern einer verknöcherten Epoche zu begrüßen, mit der man nichts zu tun hatte. Das «Alles oder nichts» Ibsenscher Helden, die sogenannte «ideale Forderung», machte man sich zu eigen und verschloß die Augen davor, daß Ibsen auch fragwürdige Motive bei seinen Dramenfiguren bloßlegte. Nora, die ihr «Puppenheim» verläßt, oder Dr. Stockmann, der in «Ein Volksfeind» den Kampf gegen die «kompakte Majorität» aufnimmt, galten als Herolde «neuen Menschentums», dem man sich selbst schon zurechnete. Henrik Ibsen, der seit 1878 seinen Siegeszug als Dramatiker in den deutschen Theatern begonnen hatte, rückte um 1890 durch die Aufführungen seiner Dramen in der Freien Bühne und der Freien Volksbühne in Berlin zur oppositionellen Kultfigur auf. Die Brüder Hart und die Friedrichshagener um Bruno Wille und Wilhelm Bölsche brachten ihn als einen Verkünder naturnahen Lebens bei der jungen Generation in Mode. Von derlei Schwärmereien ist Schnitzlers Rückgriff auf Ibsen nicht inspiriert. Ibsen als Führer in ein neues Reich des Lichts und einer von bürgerlichen Fesseln befreiten Nacktkultur war seine Sache nicht.

Andererseits ist Fedor Denner durchaus mit Hauptmanns Lebensreformer Alfred Loth verwandt, der in «Vor Sonnen- aufgang» seine Geliebte verläßt und ins Unglück stürzt, weil sie wegen ihrer Herkunft aus einer Trinkerfamilie seinen eu- genischen Grundsätzen nicht genügt.

Die Eifersucht eines Fedor Denner auf verflossene Rivalen wird Schnitzler sein Leben lang nicht verlassen. So ist die Jungfräulichkeit der Olga Gussmann 1903 unabdingbare Voraussetzung für die einzige Ehe, in welche unser «Frauen- freund» nach der Geburt eines Sohnes einwilligte. Noch 1922 trägt er Denners hoffnungslose Schlußfolgerung ins Ta- gebuch ein: «‹Was war, ist, das ist der tiefe Sinn des Ge- schehnen –› noch heute Motto meines inneren Lebens.»

Adele Sandrock ist die problematische Figur dieses Fedor Denner nicht entgangen; wenn sie vom «Märchen» entzückt ist, dann keineswegs seinetwegen. Dieser Mann ist für sie nicht mehr als ein Schwächling, der seinen Worten keine Tat folgen läßt. Im Gegensatz zu ihm soll Schnitzler vernünftig sein und begreifen, daß es für ihn nur ein Glück gibt: das Zu- sammenleben mit seinem «Diltsch» und die ewige Dauer dieser Liebe.

Schnitzler beendete «Das Märchen» am 19. März 1891 und ließ es als Bühnenmanuskript drucken. Zuvor hatte er seinen Freunden Hofmannsthal, Salten und Beer-Hofmann daraus vorgelesen und Zustimmung bekommen. Wie man am Burgtheater über dieses Stück denken würde, wenn man es gelesen hätte, hörte Schnitzler von Adolf Sonnenthal, dem berühmtesten Schauspieler dieser Institution. Der ehemali- ge Schneidergeselle hatte es soweit gebracht, daß seine Allüren auf der Bühne von Angehörigen des höchsten Adels kopiert wurden. Vater Schnitzler hatte ihn schon früher dramatische Versuche seines Sohnes begutachten lassen, und jetzt bat ihn Arthur selber um Lektüre. Als alter Freund der Familie nahm diese Leitfigur der k. u. k. Monarchie kein

Blatt vor den Mund. Schnitzler, der nicht ohne Stolz sein Werk überreichte, wenn auch ohne Hintergedanken an eine Aufführung am Burgtheater, wußte nach diesem Gespräch, wo er wirklich stand. Es ist ein Verdammungsurteil: «18.1.93. Bei Sonnenthal. Er bat mich zu sich, weil er das Märchen gelesen hat. ‹Sie sind ein ganz gemeiner Kerl. Technik, wie nur die Franzosen, großes Talent, gar nichts einzuwenden – aber die dumpfe Atmosphäre! Keine Luft! – Wie in einer Cloake! – Die Leute kommen mir vor wie Strizzis! – Man fragt sich: Warum heiratet der Fedor die Fanny nicht? – Der könnte das wohl tun! – Sie reden bei den Therens wie in einem Bordell. Schreiben Sie was vornehmes!›»

Knapp drei Jahre später spielte Sonnenthal, allerdings erst nach langem Zureden des Direktors, in Schnitzlers «Liebelei» 1895 den Vater Weiring, der seine Tochter so zärtlich liebt, daß er nicht Wächter ihrer Tugend sein will. Neben ihm Adele Sandrock als Christine. Sie gab der Rolle des «süßen Mädel» im dritten Akt Züge der großen Tragödie und überwältigte das Publikum.

Man sieht, wie sich unter Max Burckhard das Klima am Burgtheater veränderte. Aber sowohl für die Sandrock wie für Schnitzler hing dort alles von seiner Person ab. Beide standen sie ungeschützt an der «Burg» da, als Burckhard im Februar 1898, fast ebenso überraschend, wie er gekommen war, die Direktion der Burgtheaters verließ. In dem Berliner Theaterkritiker Paul Schlenther fand sich ein Nachfolger, der vor allem nirgendwo anecken wollte. Als Mitläufer des naturalistischen Berliner Theaters hatte dieser künstlerisch wenig ambitionierte Mann Karriere gemacht und ging nun auf Numero Sicher. Im Oktober 1898 ließ er seelenruhig den Abschied der Sandrock vom Burgtheater zu, und ein halbes Jahr später distanzierte er sich von Schnitzler, weil Mitgliedern des Kaiserhauses die Uraufführung des «Grünen Kakadu» mißfallen hatte. Erst nach Schlenthers Ablösung im Jahre 1910 hatte Schnitzler dort wieder eine Chance.

Das Fiasko der Aufführung von 1893 verstärkt das Werben der Sandrock um den Dichter, dem sie sich nun auch in der Rolle einer sanften Trösterin anbietet und mit ihren Worten Balsam in seine Wunden träufelt. Als bereits entschieden ist, daß es keine weiteren Aufführungen geben wird, schreibt sie Schnitzler einen einfühlsamen Brief:

Wien, den 2. 12. 93

Lieber Herr Doctor.

Gestatten Sie mir Ihnen dieses einsame Lorbeerblatt als Andenken zu senden, für dieses verhängnisvolle Märchen! Ich habe diese Fanny durch zwei Abende mit voller Begeisterung und Entzücken gespielt; Wenn ich sage ‹verhängnisvoll› – so werden Sie mich versteh'n. Ich kann Ihnen wohl sagen, daß es mir sehr, sehr leid thut, gerade diese Rolle nicht öfter spielen zu können – Sie haben mir da unbewußt Worte in den Mund gelegt, die mich geradezu begeistert haben, es wäre ein Glück wenn jeder Dichter Ihren Geist und Ihre Menschen-Kenntniß hätte. Ja – es ist Alles wahr was Sie da niedergeschrieben – so und nicht Anders – und wenn sich die Menschen damit nicht einverstanden erklären – so sind sie zu feig, um die Wahrheit zu hören. Ich gratuliere Ihnen nochmals von ganzem Herzen – werfen Sie mein lieber geehrter Herr Doctor die Feder nicht bei seite, nein – ich bitte Sie – schreiben Sie eine neue Rolle für mich, denn Sie sind ein bedeutendes ein großes Talent. Der dritte Ackt ging heute viel besser als gestern. Die Striche waren äusserst gut für die Stimmung, und auch ich spielt heute viel besser ebenso Herr Nhill. Das dürfen Sie sich nun nicht verdrießen lassen, daß der letzte Ackt nicht die Wirkung hatte, wie die beiden ersten. Es war doch ein so schöner Erfolg – denken Sie nur wie es dem Wildbrand erging im Burgtheater, nein Sie haben einen Erfolg gehabt – und darüber freue ich mich furchtbar.

Also – Sie werden das umarbeiten? Was halten Sie davon wenn die Fanny, nachdem sie sieht daß Fedor fort ist – zum

Schreibtisch geht, die Lade aufmacht, einen Revolver nimmt, und sich in die Schläfe schießt, dann stürzt die Gesellschaft entsetzt herein, und sie sagt noch einige Worte z. B. man verdammt uns wenn wir leichtsinnig sind – die echte wahre Liebe führt uns ins Jenseits. – Ich kann das natürlich nicht so ausdrücken wie ich es fühle – aber ich glaube, daß wäre ein sehr guter Schluß. Was meinen Sie dazu? Nun – Sie werden mich jedenfalls benachrichtigen – was Sie beschlossen haben. Ich werde mir erlauben Sie diese Woche um Ihren werthen Besuch zu bitten, bis dahin sein Sie herzlichst gegrüßt lieber Doctor von

Ihrer

Dilly Sandrock

Diese Veilchen spielten mit. –
Bitte – nicht fortwerfen –! –

Arthur Schnitzler dankt «innig» für diesen Brief und die Veilchen, ein intimer Liebesbeweis, weil die Sandrock sie während der Aufführung unterm Kleid an ihrem Körper trug. Dem Dichter geht es damals desolat. Er ist nicht bloß als Autor durchgefallen. Seit dem Tod seines Vaters im Mai fühlt er sich abgründig verlassen, und die Enttäuschung über Marie Glümer nagt an ihm. Am 28. März hat sie ihm in einem Brief gestanden, daß sie ihn in Salzburg, Wiesbaden und St. Gallen mit anderen Männern «betrogen» hat. Anonyme Briefe hatten ihn vorgewarnt; aber das Schuldgeständnis wirkte auf Schnitzler, der in der Zwischenzeit ebenfalls nicht treu war, niederschmetternd wie ein Blitz aus heiterem Himmel. Seine Rachehandlungen sind derart exzessiv, daß dahinter nur der Zusammenbruch der kindlichen Vorstellung von heiler Welt vermutet werden kann, der schmerzliche Verlust des Urvertrauens. Kein Wunder also, daß dieser Brief ihn fassungslos glücklich macht.

Die Sandrock ihrerseits wirft ihre Begeisterung über das Stück und die Aufführungen nicht als Schmeichelei und

Adele Sandrock privat, um 1895.

nicht als Köder hin. Sie wünscht sich keine flüchtige Liebes-
affäre und ist von neuer Hoffnung erfüllt. Max Burckhard
hat sie enttäuscht, weil dieser zwar sensible und theaterbe-
geisterte Mann sie dann doch als Geliebte der Schauspielerin vorzog; zudem mußte die Liaison verheimlicht werden,
um seine Position als Burgtheaterdirektor nicht zu gefähr-
den. Mit Schnitzler könnte sie in der Öffentlichkeit auftreten, und er wäre als dramatischer Dichter sehr an ihrer Prä-
senz auf der Bühne interessiert. Über das Erotische hinaus
verspricht sie sich auch Zusammenarbeit und beginnt gleich
mit einem Veränderungsvorschlag. Schon bei den Proben hat
sich herausgestellt, daß Schnitzlers Stück eigentlich keinen
Schluß hat. Sie denkt an einen Selbstmord der Heldin, der
das Stück effektvoll ins Melodramatische überführt und un-
widerlegbar Fannys Liebe beweist.

In ihrem nächsten Brief steigert die Sandrock die Imitatio
der Fanny Theren zu einem religiösen Erweckungserlebnis.
Sie ahmt den Moment nach, in dem Fanny sich durch Denners Worte erlöst fühlt wie einst die reuige Sünderin durch
Christus und, aus ihrer Depression herausgerissen, zu einem
neuen Leben erwacht:

Wien, Sonntag 2¼ Uhr Nachts
Darf ich Ihnen noch zu so später Stunde einen innigen Gruß
senden! Ich wollte schlafen – ich kann es nicht – es geht mir
ein wunderbar süßes ein herrliches Märchen im Kopf herum
– das Märchen von den Erhabenen. – Meine Quellen des
Glücks – des Lebens sind in mir erwacht – wie danke ich Ihnen für diese Wendung in meinem Herzen. – Ich lebe – ich
bin erwacht – aus einem grausamen dumpfen trüben Traum
– man hat mich geweckt – und ich jauchze, da ich das son-
nige Licht des Tages erblicke – ich habe Freude am Leben –
Ich finde Alles schön herrlich – Göttlich – ich beiße mir die
Lippen zusammen wenn ich einen Namen ausspreche – ich
schaud're zusammen bei dem Gedanken – ist das auch wirk-

lich wahr –? Ja – ich habe einen Gedanken und der ist mir Mannah in meiner Wüste er labt und stärkt mich in meiner Einsamkeit. Ich sehe zwei kleine braune Gluren vor mir – und werde das Gefühl nicht los, daß es eines Tages entschwinden könnte – – – vorläufig aber will ich diese Augen samt – Leib Seele Herz an mich drücken, als wäre es für die Ewigkeit und träumen von hellen sonnigen Tagen. –

Ihre Dilly

Adeles glühende Liebesbriefe erwidert Schnitzler «sehnsüchtig, mißtrauisch» unter Vorbehalten von teilweise philosophischem Tiefgang: «Und sollte ich überhaupt wagen, Ihren Brief zu verstehen – Sie müssten sich da in meinen Gedankengang hineindenken, der natürlich damit schließt: ‹Ich, ich, ich – gerade ich?› – Immer sehe ich Ihre merkwürdigen, unergründlichen Augen vor mir, suche sie zu deuten. Mancherlei ist darin, ich hab's Ihnen schon gesagt. Ein bißchen Spott, ein bißchen Zärtlichkeit, und viel Freude am Spiel. – Ich meine die Freude an den Spielen, mit denen wir uns über den ewigen Betrug des ‹ernsten Lebens› hinwegtäuschen; kunstvolles Spielen mit dem Dasein, dem lebendigen und dem Zufall. – Und wenn man in einem Frauenauge Zärtlichkeit entdeckt, weiß man je, wem sie eigentlich gilt – ja weiß *sie* es selbst? Manchmal hat sie nur halb unbewußte Erinnerung zu bedeuten, zuweilen nur Hoffnung oder Sehnsucht – und wer weiß, ob nicht ihr Ausruf: ‹Ich habe gefunden› besser lauten sollte: ‹Ich bin müde zu suchen!?› – Im übrigen – was wären wir ohne diese süßen, lockenden Irrthümer? – Sollt es nicht unser einziges Ziel sein, Täuschungen zu glauben, – statt immerwährend unangenehmen Wahrheiten nachzuspüren, an die wir schließlich auch nicht glauben würden?»

Man spürt, mit welcher Vorsicht Schnitzler ein Terrain sondiert, das ihm unbekannt ist. Denn dieser Verehrer der

Weiblichkeit beginnt zum ersten und einzigen Mal in seinem Leben eine Liebesbeziehung, bei der er der Frau nicht von vornherein überlegen entgegentritt.

Mit der Umarbeitung des dritten Aktes wartet er nicht lange. Es vergehen keine zwei Tage, und er ist fertig. Er streicht den Schluß des dritten Aktes, ebenso lang wie un-entschieden, zusammen und steigert so das dramatische Tempo. In der Hauptsache allerdings kann er der Diva nicht entgegenkommen. Im Gegenteil. Er läßt Fanny als Verlasse-ne zusammenbrechen und verzichtet auf die Hochrufe der Abendgesellschaft. Adeles Vorschlag, das Drama mit einem heroischen Selbstmord zu beenden, will er nicht akzeptie-ren. Die Kränkung durch Marie Glümers Untreue ist noch spürbar. Dabei wäre der Schluß, den die Tragödin instinkt-sicher vor Augen hat, ungemein bühnenwirksam. Aber von Denners Sottise: «Man bringt sich nicht um. Man tut das Vernünftigere: man liebt einen andern», will sich Schnitzler kein Jota abmarkten lassen.

Die fixe Idee, daß nur *die* Frau, die ein einziges Mal liebt, fähig ist, sich selbst zu opfern, treibt Schnitzler um. In sei-nem nächsten Drama «Liebelei», das er gleich anschließend zwischen September 1893 und Oktober 1894 schreibt, wird sie zum tragenden Motiv. Dort bleibt das «süße Mädel mit dem tiefen Gemüt» seiner ersten Liebe treu und hält das Versprechen. Christine Weiring will nicht getröstet werden und stürzt mit Hohnlachen im Gedanken an den unver-meidlichen weiteren Liebhaber in den Tod – so jedenfalls hat es das Publikum damals verstanden, und so sah es Schnitzler selbst 1911 in seiner «Antikritik».

Adele Sandrock und Arthur Schnitzler fühlen sich magne-tisch angezogen, und es ist deutlich, daß der Dichter seine Zurückhaltung nicht mehr lange aufrechterhalten kann. Ihr unausgetragener Widerstreit über den Schluß des «Mär-chen» läßt erahnen, welche Klippen für sie in der Zukunft lauern. Die Realitätsverleugnung führt auf beiden Seiten zu einer paradoxen Situation. Die Diva, die sich ihre Liebhaber aussucht und sich von keinem Mann beherrschen läßt, gibt sich nicht mit der glänzenden Bühnenlaufbahn Fannys zufrieden. Sie möchte ihr auch noch die Siegespalme der Märtyrerin verleihen, weil der Liebe einer «Gefallenen» nur der Weg ins Jenseits bleibt. Schnitzler wiederum bringt es über sich, Marie Glümer, die als kleine Schauspielerin in der Provinz herumtingelt, in eine kommende Diva zu verwandeln, jedenfalls auf der Bühne. Dies alles aber zählt für ihn nicht. Trotz ihrer Leidenschaft und ihrer die Menge berauschenden Ausstrahlung ist diese Figur in Schnitzlers Augen nur eine Verlorene, die nicht zu retten ist.

Aber weder der Veränderungsvorschlag der Diva noch Schnitzlers Korrekturen haben eine Wirkung. Selbst dem berühmten Schnitzler gelang es nicht, diesen anfänglichen Mißerfolg im deutschen Sprachraum wettzumachen. Nicht zufällig aber fand dies aufwühlende Stück im vorrevolutionären Rußland Anklang, wo ein ungleich rauherer Wind wehte als im übrigen Europa: Der von seinen Gefühlen zerrissene, getriebene Wahrheitsucher und seine trotzige Gegenspielerin paßten hierher. Zusammen mit Hauptmanns naturalistischen Dramen wurde «Das Märchen» dort oft und mit Erfolg aufgeführt.

An der Seite der Sandrock blieb Schnitzler freilich nicht mehr lange verkannt. Denn fast genau zwei Jahre später war er nicht mehr der vom Publikum ausgepfiffene Autor, sondern Wiens angesehenster Dramatiker, dessen «Liebelei» am Burgtheater jeden Abend ausverkauft war. Dieses Stück wurde so berühmt, daß sogar eine kurzlebige Skandalzeitschrift unter diesem Titel herauskam, um mit dem schnitzlerschen Flair Leser zu gewinnen. Und die Frage liegt nahe, wie es zu diesem Umschwung kommen konnte. Wenn die Sandrock in einem wütenden Brief «Liebelei» einen

«Schmarrn» nannte, den sie «durchgebracht und vor einem sicheren Durchfall gerettet habe», ging sie in ihrer Entrüstung über die Undankbarkeit ihres früheren Geliebten sicher zu weit. Zweifellos aber startete dieses Stück Schnitzlers zweifelhafte Berühmtheit unter dem Markenzeichen des «süßen Mädels», was ihn schließlich vor die Frage stellte, ob es nicht besser sei, «verkannt» als «falsch gekannt» zu sein. Die gute Gesellschaft ging mit «Liebelei» um wie mit Goethes Ballade vom «Heideröslein», die sich in den Wiener musikalischen Salons, von Franz Schubert vertont, großer Beliebtheit erfreute: Man war ergriffen von der Hingabefähigkeit der gesunden Volkskraft, an der sich der «wilde Knabe» bzw. der Sohn aus wohlhabendem Haus, nicht ohne Gefahr für sich selbst, die Hörner abstößt. 1897 faßte der Schriftsteller Otto Stoessel als Wiener Korrespondent für die «Neue Deutsche Rundschau» die sentimentale Anwandlung des Zeitgeists zusammen: «Was ist denn das Rührende an der ‹Liebelei› als das starke Spiel der Gegensätze? Diese naive, treuherzige, zuthunliche Christine mit ihrer ganz ungebrochenen, einfachen Seele angeschmiegt an einen raffinierten, psychologischen, überfeinerten Jüngling. Das ist, vielleicht mehr als man glauben möchte, ein ‹Wiener› Stück, darin liegt sehr klar und fein und bestimmt das Wesen der Stadt, ihre Barbarei, die ja auch eine gewisse Anmuth hat.» Unverkennbar wurde das bürgerliche Behagen über den Verlauf der Tragödie durch Lokalpatriotismus noch verstärkt: Jubel über die ungebrochene Natur, verschämtes Eingeständnis männlicher kultureller Überlegenheit und selbstzufriedenes Wienertum bilden einen schützenden Ring um ein Stück, das eigentlich gegen diese Verhältnisse geschrieben worden war.

Unmöglich ein Paar

Am 6. Dezember 1893 verbringen die Diva und ihr Dichter die erste gemeinsame Nacht; Schnitzler verläßt erst in den frühen Morgenstunden das Boudoir. Die Liebesbeziehung entwickelt sich stürmisch; Eifersuchtsszenen und Wiederversöhnungen wechseln rasch, und Schnitzler muß die spitzen Bemerkungen und unzarten Anwandlungen der Sandrock, auf die sie bei ihrem Umgang mit den Männern stolz ist, geduldig aushalten.

Welche Auseinandersetzungen sich abspielen, wenn Schnitzler zwischen halb zwei und vier Uhr morgens das Liebeslager bei der Sandrock mit dem eigenen Bett vertauschen will, gibt ein Dialog wieder, den der Dichter in unmittelbarer Erinnerung wie ein Gedächtnisprotokoll niederschreibt. Der Einakter «Halbzwei» entsteht Anfang Januar 1894, vier Wochen nach der ersten Liebesnacht, und der Autor hat keine Bedenken, dieses sehr private Stück schon Ende Januar im vertrauten Kreise vorzulesen. «Halbzwei» wirkt wie eine Nahaufnahme der «Situation danach», die Frauen und Männer so gegensätzlich empfinden. Die beiden streiten sich darüber, wann eine Liebesnacht beendet ist. Der Mann will nach Hause, neue Kräfte schöpfen und noch einige Seiten mit von der Liebe geklärtem Kopf genußvoll lesen. Die Frau hingegen erlebt die drohende Trennung als Angriff. Sie fühlt sich roh behandelt und von einem gleichgültigen, egoistischen Liebhaber, wie ein Ehemann nur auf Bequemlichkeit bedacht, zurückgestoßen. Sie wird streitsüchtig und legt keinen Wert auf die Stichhaltigkeit ihrer Argumente. Der Liebhaber bahnt seinen Rückzug vorsichtig und mit

Rückschlägen an. Erst nachdem er ihr seine leidenschaftliche Liebe noch einmal mündlich versichert und die Stunde für das Wiedersehen am nächsten Tag verabredet hat, darf er zur Tür hinaus. Der Mann, der durch fußhohen Schnee in Lackschuhen drei viertel Stunden gehen muß, weil er weit und breit keinen Wagen findet, lächelt zufrieden auf dem Nachhauseweg und weiß, daß es ihm noch geraume Zeit nicht anders ergehen wird.

Diese Szene «danach» ist nicht ohne Behaglichkeit, bei allem Unwillen, den die Frau redegewandt an den Mann bringt. Sie hat nichts von der postkoitalen Kälte im «Reigen», dessen Kühnheit und Formvollendung Schnitzler zu einem Autor der Weltliteratur machen sollte. Hier ist die Atmosphäre noch zärtlich und liebevoll; man spürt aber, wie sich der Autor an jene unerbittliche Nahsicht des Liebesspiels herantastet, die jede seelische Regung – auch heute noch für die Zuschauer beklemmend – entblößt und durch den Schleier der Intimität den Blick auf subtile Machtverhältnisse richtet.

Auf dem Theater wirkt die Sandrock so lebendig, weil sie sich darum bemüht, wahr zu sein und das Edle nicht als Reinkultur vorführt, sondern mit Alltäglichem oder sogar ordinären, lasziven Anspielungen untermischt; auch als hohe Tragödin bleibt sie immer noch eine sinnliche Frau. Es stärkt ihre Popularität, daß sie im Verkehr mit Angehörigen des Kaiserhauses und sogar vor dem Kaiser ihrem Mutterwitz freien Lauf läßt und nicht in Konvention erstarrt. Die zahllosen Sandrock-Anekdoten sind ja nicht reine Erdichtungen; ihre Aversion gegen Heuchelei und Schönreden realer Verhältnisse äußerte sich spontan in manch witziger Formulierung, die auch die eigene Person selten ungeschoren davonkommen ließ.

Die Diva zu Hause zeigt allerdings die Kehrseite der Medaille. Denn so unterhaltsam sie für die Öffentlichkeit ist, so

Rollenbild als Maria Stuart mit handschriftlicher Widmung an
Arthur Schnitzler.

launisch gibt sie sich privat. Ihr Freund ermahnt sie nach dreimonatigem Zusammensein: «Was immer du für die Welt und die Menschheit seist – vergiß nicht, daß wir uns vollkommen als gleich und gleich gegenüberstehen, und daß du, wenn überhaupt, deine Berechtigung zu kleinen Quälereien nicht aus deiner Größe, sondern nur aus meiner Liebe zu dir abzuleiten hast.»

Wenn sie nicht auftritt, leidet sie unter depressiven Verstimmungen und sieht sich in ihrem Boudoir als arme, gehetzte Kreatur, die sich nur nach Ruhe und Frieden sehnt. Auch die Mutter wird nicht müde, die berühmte Tochter als nervenkrankes Opfer ihres anstrengenden Berufs zu beklagen. In Schnitzlers Gegenwart gelingt es ihr selten, entspannt und locker zu sein. Beständig wechseln Gunsterweise und Huldigungen, durch die sie sich etwas zu vergeben meint, weil diese Gesten eigentlich ihrem Rang widersprechen, mit groben Unmutstönen und bitteren, oft an den Haaren herbeigezogenen Anklagen.

«Der Dichter und die Schauspielerin», die achte Szene im «Reigen», zeigt aus der Nähe, wie bei der Sandrock immer wieder die Aktrice durchbricht und die witzige Domina die liebende Frau übertönt. Selbst unter romantischsten äußeren Bedingungen – Frühlingsabend, Vollmond, stilles Gasthaus auf dem Lande – kommt sie nicht zur Ruhe. Während sie, um sich zu entkleiden, den Dichter aus dem Zimmer weist, gibt sie ihm die Mahnung mit auf den Weg: «Aber fang mir kein Verhältnis mit der Kellnerin an.» Ihr erstes Wort nach dem Liebesakt: «Das ist doch schöner als in blödsinnigen Stücken spielen... was meinst du?» Die demütig Anbetende verwandelt sich stimmungsmörderisch in eine ziemlich ordinäre Person, die ihre Hingabe durch eine Kränkung des Partners ausgleichen muß. Dabei meint sie nicht immer ernst, was sie sagt; oft genießt sie auch nur den Überraschungseffekt, den das Wechselbad bei ihrem Liebhaber auslöst.

Die private Selbstdarstellung als unverstandene Frau, die ihre Einsamkeit beklagt, hat einen realen Hintergrund. Die Diva wird von der Menge gefeiert, und die Journalisten reißen sich um Interviews mit ihr, aber der anstrengende Spielbetrieb mit Vorstellungen, Proben und häufigen Gastspielen, von der Geldnot diktiert, läßt ihr wenig Zeit für das gesellschaftliche Leben. Ihre Art, Theater zu spielen, indem sie als Autodidaktin mit der Rolle ohne jede Distanz verschmilzt, führt zur Erschöpfung. Um sich zu erholen, fährt die Sandrock in den Prater und geht dort spazieren; oder sie lädt ihre näheren Freunde zu sich nach Hause, wo sie im Boudoir residiert. Die Ottomane ist ihr Lieblingsplatz, lässig ruhend empfängt sie die Besucher, hier liest sie und lernt ihre Rollen. Die Auftritte stillen das Bedürfnis nach Öffentlichkeit; aber wenn sie nicht spielt, möchte sie am liebsten mit Schnitzler allein in ihrer Wohnung sein, nicht nur der Liebe wegen. Sie kann besser lernen, wenn er da ist, und es gefällt ihr, wenn er sie abhört.

Von Beginn an sind die Freunde, mit denen Schnitzler bei sich zu Hause, aber auch im Café Central verkehrt, ein rotes Tuch, «die sauberen Kumpane». Hofmannsthal erklärt sie, weil er sich einmal weigert, mit bestimmten Leuten zu Abend zu essen, beharrlich zum «Idioten». Sie telefoniert Schnitzler im «Central» hinterher, wenn er dort mit Freunden sitzt, und erweckt nicht einmal den Anschein, als versuche sie, mit ihnen auszukommen. Daß Schnitzler sich öfter darüber beklagt, wie gering sie seine Freunde schätzt, versteht sie nicht als Signal des Liebhabers, sich doch längerfristig mit ihr zu arrangieren. Wie immer verzichtet Adele Sandrock auf Kompromisse und will auch dort siegen, wo sie sich mit Aplomb nach der Melodie «Er der Herrlichste von allen» scheinbar unterwirft.

In der ersten Liebesnacht hatten sie einander ohne Namensnennung gestanden, einem anderen untreu zu werden.

Schon vorher hat Schnitzler ihr ausführlich von seinem gescheiterten Verhältnis mit Marie Glümer erzählt, und die
Sandrock, ahnend, daß diese Bindung sie bedrohen würde,
hat bereits bei den Proben zu «Märchen» ihren eifersüchtigen Kampf gegen die «Choristin» aufgenommen. Sie findet
es geschmacklos, daß man einer kleinen Schauspielerin
nachtrauert, wenn man die große besitzt. Die «Choristin»
bleibt ein Leitmotiv in ihren Reden, und man gewinnt den
Eindruck, als sei Marie Glümer für sie als dritte Person ständig gegenwärtig.

Zehn Tage nach der ersten Nacht, am 16. Dezember
1893, läutet Schnitzler fünfmal vergeblich nach der Vorstellung an der Tür seiner neuen Geliebten. Sie öffnet nicht, und
er vermutet nicht zu Unrecht einen Seitensprung. Die Ausrede der Diva, sie und ihre Mutter hätten, auf Schnitzler
wartend, die Schelle überhört, klingt äußerst unglaubwür-
dig. Auf diese Untreue in flagranti reagiert Schnitzler zwar
nicht so aggressiv wie ein halbes Jahr zuvor bei Marie Glümer. Er wird depressiv:

«Ich bin dagesessen und habe geweint. Ich habe um Mizzi (also die Glümer!) geweint, und nicht das erste Mal in diesen Tagen. Es kommt allerdings manches dazu. Z. B. der
Brief von ihr, einer, wie so oft einer kommt, einfach herzzer-
reißend. Alles in den schönsten Tönen: die Reue, die Sehnsucht, die Liebe, die Verzweiflung – und diese Hoffnungslo-
sigkeit, in der ich sie ja doch lassen muß, denn das ist nun
einmal alles zertrümmert. Wie ich sie geliebt habe! ach Gott
wie ich sie eigentlich heut noch liebe, seh ich am besten an
den Gefühlen, die ich bei den andern habe. Und ich möchte
doch so gern, so ehrlich gern vergessen! – Dilly! – Was ist
das? Doch eigentlich nicht viel anders und nicht viel besser
als geschmeichelte Eitelkeit. Die große Künstlerin! – Vielleicht auch ein bißchen Hoffnung, in einem tiefen und
großen Verständnis Ersatz zu finden. Da glaub ich bin ich

auf falschem Wege. Sie hat den Umweg über meinen ‹Geist› genommen, weil sie es mit dem Instinct ihrer erfahrenen Sinnlichkeit bei mir für nothwendig hielt. In Wirklichkeit will sie ja doch nur eine neue Sensation und das ‹süße Menschenfleisch›. – Sie geht, so scheint mir, nur gezwungen auf Gespräche ein, mit welchen ich unsern Verkehr auf ein höheres Niveau bringen will; sie kann mir einfach nicht folgen. Das wäre ja etwas: eine Freundin, eine, die man in die kühlen und erhabenen Räume seines Geistes mitnehmen kann, und die sich dort zu Hause fühlt. – Aber ihr fröstelt dort, sie hat immer die Sehnsucht nach dem Boudoir und dem Bett. – Was sie intellectuell bringt, ist nicht viel mehr als Phrasen, und höchstens ein verstecktes Raffinement für ihre durstigen Sinne. Aber da müßte ich doch wenigstens verliebt sein, um nur zu einer Ahnung von Glück zu kommen. Da ist Jenny noch besser mit ihrer naiven frischen jungen Verdorbenheit, die überhaupt ein ganz köstliches Ding wäre, wenn man nur vor 2 oder 3 Uhr morgens wegkäme. Sie verzichtet von vornherein auf alle geistige Nähe; – sie vermisst auch nichts... sie ist das Kind, das gar nicht ahnt, mit was für einer sonderbaren Puppe sie spielt. Sie begnügt sich mit der Freude, die sie an allen bisherigen Puppen hatte, ahnt nicht, daß die da zufällig zu noch was besserm oder wenigstens zu was anderm zu verwenden wäre. Für sie übrigens? – Was verstünde sie schon von meinen Melodien? – Und am Ende ist das alles Größenwahn?! – Und vielleicht sollte Jenny wirklich weniger stolz auf mich – als ich auf Dilly sein?»

Arthur Schnitzlers depressives Resümee klingt für alle Beteiligten nicht vorteilhaft. Er, der jede Nacht bei der Sandrock verbringt, um drei Viertel elf am Abend zuvor fünfmal bei der Sandrock geläutet hat und enttäuscht abziehen mußte, versucht sich einzureden, er sei nicht einmal in sie verliebt. Mizzi Glümer ist die Liebe seines Lebens, die Frau, die er trotz aller Nähe nicht mehr haben kann. Jenny, das verdorbene Kind, das in aller Unschuld mit ihm spielt wie mit seiner Puppe. Und in der Mitte die verfehlte geistige Partnerin Adele, die sich ihm nur zum Schein als Gesprächspartnerin anbot. Nichts stimmt zueinander, dort fehlt etwas, was eine andere hat, und wo etwas ist, kann man es nicht mehr haben. Besonders das Urteil über die Sandrock ist so bestimmt wie widersprüchlich. Die Sandrock interessiert sich für andere Bücher als Schnitzler, allein schon ihre eigenständige Erarbeitung ihrer Rollen zeigt ein intellektuelles Verständnis, das weit über die üblichen Phrasen hinausgeht. Auch später bei der Filmarbeit werden ihre präzisen Vorschläge zur Veränderung des Drehbuchs als Bereicherung geschätzt; ein Meister seines Fachs wie der Komödienregisseur Reinhold Schünzel erwartete sie geradezu von ihr.

Die «große Künstlerin» mit Ausrufezeichen soll Schnitzler über Schwierigkeiten mit der realen Person hinweghelfen. Er meint es ernst und stellt Adeles Künstlertum niemals in Frage; im Tagebuch gibt er sich darüber Rechenschaft, wobei er zweifelt, ob dies an seinem aktuellen Verhältnis zur Schauspielerin liegt oder an ihren Rollen. Als er sie aber in einem heftigen Streit als «Gans» tituliert, korrigiert er sofort, daß er nicht die Künstlerin meint, sondern nur das *Weib*: «Denn wie alle Weiber bist du eine Lügnerin und eine Dirne.»

Die beharrliche Unterscheidung zwischen der Frau und der Schauspielerin zeugt freilich nur von einem Dilemma, in dem sich der ohne Adele Sandrock nur mäßig bekannte Autor befindet. Schnitzler erwartet, daß sie auch am Burgtheater in seinen Stücken spielt, und hofft vor allem auf einen Erfolg der «Liebelei». Er ist von der Schauspielerin abhängig, und um diese Situation für sich erträglicher zu machen, entwertet er ihre Person. Ihr «reproducierendes Genie», von dem er sich für die Zukunft einiges wünscht, bleibt davon unberührt, und Schnitzler versucht zu ergründen, wie

Die Diva als Prinzessin Feodora Romazoff in einem reißerischen Stück von Victorien Sardou. Feodora war eine Zugnummer der Sarah Bernhardt, und die Sandrock eiferte ihr im Februar 1895 in dieser Rolle am Burgtheater nach.

es möglich ist, daß die überragende Schauspielerin zugleich als «menschliches Wesen unbedeutend» sein könne. Bei dieser schwierigen Frage kommt er zu einem Schluß, der verdächtig an den Gemeinplatz von weiblicher Oberflächlichkeit und männlichem Tiefgang erinnert: beim produzierenden Genie sei alles Genie, während das reproduzierende nur auf der Oberfläche bleibe, deren Schicht allerdings dick sein könne. Zum Trost läßt er der Sandrock zumindest die niedere Form der Genialität.

Schnitzlers Unterscheidung ist damals ungewöhnlich. Es ist die Zeit der «Lebensphilosophie», und die Feuilletons beginnen von der Überwindung traditioneller Gegensätze zu schwärmen: Natur, Kunst und Leben sollen ineinander übergehen, die Religion sich mit der Wissenschaft verbinden und die Philosophie in die Psychologie einmünden. Hermann Bahr, der «Überwinder» des Naturalismus und Propagandist aller möglichen Empfindungen im Wien der neunziger Jahre, denkt da ganz anders. Obwohl ein Jahr jünger, tritt er als väterlicher Gönner auf und schreibt zwiespältige Kritiken, die Schnitzlers Werke zugleich anpreisen und bloßstellen. Durch seine Liebschaft mit Adeles Schwester kennt er auch die Verhältnisse der Familie Sandrock. Kurz nach Schnitzlers Bruch mit der Diva betätigt er sich als ehrlicher Makler und wirft dem Dichter vor, keinen höheren Gesichtspunkt zu berücksichtigen. Wütend notiert Schnitzler den Verlauf des Gesprächs:

«(...) da fand er nun, daß ich nicht die richtige Auffassung von Dilly habe, die eben Bajadere sei, irgend etwas göttliches, in eine fremde Welt gestellt; als Bajadere sei ihr Sinn eben auf Lug und Betrug gerichtet, und führte ein Gespräch zwischen sich (Bahr) und Hugo an, daß ich zu sehr im weltlichen stehe (‹wie überhaupt manches an dir unklar ist, auch im Schriftsteller› – was deutlich gehässig gemeint war). Er verstand nicht oder wollte nicht recht verstehn, daß ich das bajaderenhafte recht gern gelten lasse, daß nur die erbärmlichen kleinen feigen Lügen (das telephoniren in der Nacht ihres Betrugs z. b.) durchaus nichts bajaderenhaftes haben sondern einfach hurenhaft sind. Dilly hat sich immer beklagt, daß ich sie brutal behandle; auch darüber daß ich ihr im Prater eine Scene gemacht, weil sie den Wunsch geäußert, einmal mit einem Cardinal ein Verhältnis zu haben. (Ich hatte ihr keine Scene gemacht, sondern war nur etwas verstimmt gewesen, was sie damals riesig freute.) –»

Bahrs Hinweis auf die Bajadere, eine indische Buhldirne, die dem Dienst im Tempel geweiht ist und deshalb Göttliches und Allzumenschliches in sich vereinigt, ist typisch für den lebensphilosophisch garnierten Umgang mit einer praktischen Frage. Der angeblich höhere Gesichtspunkt, der rein über der weltlichen Unklarheit schwebt, die Schnitzler noch nicht überwunden hat, bedeutet nichts anderes als eine mythologisch verbrämte Kandare. Bahr, der in die katholische Kirche zurückfand, propagierte wenig später einen etwas unkomplizierteren Marienkult.

Auf der Bühne stören Schnitzler bei der großen Schauspielerin Fälle grober Geschmacklosigkeit. Ihre Darstellung der Musotte zum Beispiel im November 1892: die Sandrock spielt ein Mädchen, das als Malermodell ein kümmerliches Leben fristet. Bei dem Stück handelt es sich um eine dramatisierte Novelle von Maupassant. Es wird vom Volkstheater, das zumindest auch ein paar gesellschaftskritische Werke zuläßt, als Stück aus dem Arme-Leute-Milieu aufgeführt. Schnitzler besucht die Premiere und berichtet Marie Glümer nach St. Gallen ausführlich, wie routiniert und teilweise ordinär das Spiel des Ensembles gewesen sei. Nicht so die Sandrock, die «enorm» gewirkt habe; er habe «im zweiten Akt bitterlich geweint». Zum zweitenmal, nach der «Affaire Clemenceau», konnte die Sandrock also den Dichter derart rühren. Als Marie Glümer sich weiter nach dem Stück erkundigt, gibt er sich fünf Tage später empört: «Ueber die

Sandrock war ich entrüstet. Sie spielte großartig. Aber stelle dir vor, diese Person hat die künstlerische Gewissenlosigkeit, die Musotte, die ein Modellmädel ist, in Toiletten einer *grande cocotte*, in einem Zimmer, das bei jedem Tapezierer 10 000 francs kosten würde, und mit einer Atlasdecke, die einfach zu prunkvoll ist, zu spielen. Du kannst es ganz buchstäblich nehmen: ich hasse dieses Weib seit dieser unerhörten Impertinenz gegen den Dichter. Das Stück ist beinah auf den Kopf gestellt.»

Aus dieser leicht verspäteten Empörung ist nicht nur zu schließen, daß Schnitzler vor seiner inzwischen hellhörigen Geliebten den Eindruck des früheren Briefes dämpfen will. Maupassant gehört zum Höchsten, was er an Kunst kennt; er rangiert für ihn neben Goethe, Beethoven, Ibsen und Michelangelo. Vor allem Maupassants Novellen zeigen den Dichter mit dem «Ohr fürs Kleine» – eine Haltung im Widerspruch zu allem, was Schnitzler im Wien der Gründerzeit ästhetisch nahegebracht worden war. Denn ganz im Gegenteil: Mit dem Hang zur «Größe», womit das Bürgertum seit 1866 die Niederlage gegen Preußen kompensierte, ist Schnitzler aufgewachsen. Abzulesen nicht allein an der prächtigen Ringstraße, an der man fast ein halbes Jahrhundert lang baute, und am neuen Burgtheater, dieser neronischen Schöpfung: «Größe» demonstrierten auch die Prachtbauten des Natur- und Kunsthistorischen Museums, die wiederum mit den Semperschen Teilen der Hofburg und dem Heldenplatz ein Ensemble bilden, das die k. u. k. Monarchie höchst angemessen repräsentierte. Die kaiserlichen Barockbauten von Fischer v. Erlach, die Hofburg, Nationalbibliothek und Karlskirche, zusammen mit den Adelspalästen Lukas v. Hildebrands, das Belvedere des Prinzen Eugen vor allem, legitimierten das Dekorationsbedürfnis der Gründerzeit als nicht zu unterschätzende historische Stütze wie in keiner anderen europäischen Hauptstadt. Bereits das imperiale Wien nach dem Sieg über die Türken 1683 besaß den universalen Hang zur Dekoration, den das Wien der Gründerzeit dann auf die Spitze trieb.

Von Kindesbeinen an war Schnitzler mit diesem Umfeld
des Burgtheaters vertraut; er hat als Jugendlicher während
seiner Schulzeit nicht weniger als vierzehn Dramen geschrieben, die in Pathos und Inhalt die Historiendramen vom
Spielplan der «Burg» zu kopieren versuchen, getragen von
dem heimlichen Wunsch, dort aufgeführt zu werden. Die
größensüchtige Phantasie des Gründerzeittheaters kreiste
um die großen weltgeschichtlichen Epochen; griechische
Antike, römische Kaiserzeit, Völkerwanderung und deutsches Mittelalter lieferten gleichberechtigt Stoffe für epigonale Werke. Erregend an diesen Monstertragödien in hohem
Stil war die effektvolle Mischung von Titanismus und Dekadenz. Es wimmelte von Kaisern und Mätressen, bei denen
sich Grausamkeit und Machtgier mit kläglichem Versagen
im entscheidenden Moment paaren. Tonangebend in dieser
dekorativen Richtung war der norddeutsche Dramatiker
Adolf von Wilbrandt, der 1871 nach Wien kam und seiner
Laufbahn als Burgtheaterdirektor zwischen 1881 und 1887
einen glanzvollen Höhepunkt setzte. Von dieser Wiener Repräsentationskultur der Gründerzeit, von ihrer Historienmalerei wie auch ihren pompösen Festumzügen, wandte
sich Schnitzler schließlich angewidert ab.

Ihm graute vor der «Banalität des Großen», vor der ästhetisch überhöhten Gewalttätigkeit, die in der Gesellschaft
manifest vorhanden war. Seine Aversion gegen die Darstellung großer Konflikte, womöglich noch mit welthistorischer
Perspektive, gegen Pathos und schwungvolle Theatralik
prägt Schnitzlers Werk und trägt ihm den Ruf eines «Stimmungskünstlers» ein. Der Wunsch, sich als Burgtheaterautor
auch nach dem Rücktritt Burckhards zu etablieren, indem er
etwas «Vornehmes» im Sinne Sonnenthals schreibt, führt
ihm nur zweimal die Feder: bei seinem Renaissancedrama
«Der Schleier der Beatrice» (1899), das es an verstiegener

Blutrünstigkeit sehr wohl mit der Schauerdramatik der Gründerzeit aufnehmen kann, und zehn Jahre später beim Historienschinken «Der junge Medardus», einem patriotischen «Spektaculum» aus den Befreiungskriegen. Verglichen mit Hauptmanns Ausflügen ins historische Drama und einigen Werken aus Wedekinds Spätzeit, ist Schnitzler immer noch ein Heiliger.

In dem intimen dramatischen Raum seiner Stücke vernimmt das «Ohr fürs Kleine» Untertöne, Nuancen und die leise Sprache verborgener Gefühle. Schnitzler neigt zum Einakter; seine Dramen wirken nicht selten wie eine Folge von Einaktern, von locker gefügten Szenen, und die psychologische Stimmigkeit seiner Figuren, ihr innerlich widersprüchliches Handeln, ist ihm das Wichtigste.

Mit Maupassant verbindet Schnitzler nicht allein die Skepsis gegenüber der großen Form in der Dichtung. Auch die menschliche Sexualität als Triebfeder des gesellschaftlichen Verhaltens sehen beide zentral, und wie Schnitzler so dekuvriert auch Maupassant es als Heuchelei und Bigotterie, gerade über diesen Tatbestand einen undurchsichtigen Schleier auszubreiten. Für Schnitzler, der nicht provozieren, aber doch wissen will, wie die Liebe in Wirklichkeit und die erotische Beziehung tatsächlich praktiziert wird, welche inneren und äußeren Zwänge sie prägen, ist Maupassant ein Bruder im Geist wie kein zweiter.

Adele Sandrock hingegen, man ahnt es schon, ist die ästhetische Scheu vor der «Banalität des Großen» fremd. Im Gegenteil, es ist ihr Ehrgeiz, die große Form mit Leben zu erfüllen. Allerdings will sie als große Tragödin nicht nur den monumentalen Umriß einer Figur geben, sondern ihr auch menschliche Züge verleihen, selbst wenn sie damit landläufige Vorstellungen von Erhabenheit verletzt. Für Kammertheater kann sie sich – trotz ihres Sinnes für leise Töne – nicht erwärmen; für dieses Genre ist sie sich zu schade.

Schnitzler hat ihr Hofmannsthals lyrisches Drama «Der Tor und der Tod», das er sehr schätzt, zu lesen gegeben und darüber kein Wort von ihr vernommen. Seitdem wird sie von ihrem Geliebten nur noch in homöopathischen Dosen mit Lektüre versorgt, und der Dichter verzichtet darauf, in ihr eine Gesprächspartnerin in literarischen Dingen zu finden. Als sie ihm schließlich einen Band mit Maupassant-Novellen ungelesen zurückschickt, wobei sie ungnädig bemerkt, daß ihm eigentlich bekannt sein sollte, daß sie «kleine Geschichten» nicht liest, degradiert sie Schnitzler im Tagebuch zu «einer Person». Die Sandrock muß ihm hier wie eine neureiche *grande dame* vorkommen, die Angst hat, sich zu blamieren, und für Monumentales schwärmt, weil das Unscheinbare sie an die glücklich überwundene Vergangenheit erinnert.

Nicht allein im ästhetischen Bereich liegen Hindernisse für das Paar; Unverträglichkeiten stören schon bald auch ihren intimen Umgang. Schnitzler ärgert Adeles Sinnlichkeit, und er beklagt sich in seinem Tagebuch über ihre gedankenlosen «Gewohnheitsküsse». Der Sandrock geht es umgekehrt: Sein zugeknöpftes, auf intellektuelles Durchdringen gerichtetes Verhalten, seine «gute» Erziehung, die ihn gelehrt hat, spontane Emotionen zu unterdrücken, wirken auf sie gefühlskalt und gleichgültig und machen sie rasend. Der «Herr Doctor» ist zu vornehm, um aus sich herauszugehen. Offenbar hat sie noch nie einen Mann kennengelernt, der so introvertiert war wie Schnitzler, der nicht eigentlich zu leben scheint, sondern beobachtet, wie das Leben an ihm vorüberzieht. Genauer: Er lebt für sein Tagebuch. Seine täglichen Notizen, die er auf einzelnen Blättern bei sich hat, trägt er in aller Ruhe ein; als Ehemann verwahrt er sie später in einem Banktresor, den er gern aufsucht, um dort zu lesen. In seinem Testament verfügt er ihre Veröffentlichung und besteht, in der Hoffnung auf eine verständnisvollere Nachwelt, auf der einzigen Bedingung, daß dies ohne jede Kürzung zu geschehen habe.

Seine schweigsame Art versetzt die impulsive Diva in Panik, und sie provoziert ständig, damit dieser Mann endlich seinen Panzer ablegt. Scheinbar entwertende Äußerungen wie «Er hält sich für einen Autor – köstlich! Ein Lustknabe bist du, kein Autor, lass dir das gesagt sein», sollen nicht nur kränken, sie wollen ihn auch vom hohen Roß holen; er soll, nicht anspruchsvoller als andere Erdensöhne auch, die Freuden des «süßen Menschenfleischs» unbeschwert genießen. Aber nein, Schnitzler schläft oft ein, wenn er bei Adele ist; vermutlich will er sich ohne Gezänk ihrem aufgeregten Wesen entziehen. Die Sandrock spürt das, aber statt als entspannte Intimität faßt sie es als Lieblosigkeit gegen ihre Person auf. So abhängig wie vom Applaus des Publikums ist sie im privaten Bereich unstillbar süchtig nach Zuwendung. Erstaunlich schwach, dieses Selbstbewußtsein einer sonst so durchsetzungsfähigen Frau; Schnitzler kann ihr Spiel nie genug loben.

Trotzdem bildet er in ihrem Leben einen ruhenden Pol; er vermittelt ihr, die ihm «in aller Genialität so hilflos, so verloren» vorkommt, doch das Gefühl von Geborgenheit. Oft schreibt sie ihm um Mitternacht glühende Briefe, und am Morgen macht sie sich Gedanken über den gemeinsam zu verbringenden Abend. Sie freut sich, wenn er sie auf der Bühne sieht, und ist jedesmal sehr verstimmt, wenn er Vorführungen besucht, bei denen sie nicht mitwirkt. Noch als sie spürt, daß für Schnitzler die Beziehung zu Ende geht, läßt sie ihn gern ihre Rollen abhören, ohne Scheu, dabei steckenzubleiben oder andere Fehler zu machen. Während Schnitzler in ihrer Anwesenheit nicht einmal lesen, geschweige denn etwas schreiben kann, verschmelzen bei ihr Beruf und Liebesbeziehung.

Der «Herr Doctor», der sich nicht aus der «Höhe seiner Alltäglichkeit» zur Künstlerin herab bequemen will, steht aber andererseits für eine bürgerliche Sekurität, nach der sich die Sandrock heimlich und kaum eingestanden sehnt.

Für sie selbst ist eine bürgerliche Existenz nicht vorstellbar; sie weiß, daß sie als Künstlerin viel Anerkennung findet, aber auch, daß sie kein Glückskind ist wie ihre hübsche Schwester Wilhelmine, kurz Willy genannt. Dieses sanfte Gegenstück Adeles, nur zwei Jahre älter als sie, war schon zehn Jahre vor ihr Burgtheaterschauspielerin und verdreht den Männern den Kopf kaum weniger als sie, aber man spricht nicht darüber; am Ende ihrer Karriere taucht sie mit ihrem Madonnengesicht, das ihr lange erhalten bleibt, in religiösen Wahn ein und umgibt sich mit Heiligenbildern und brennenden Kerzen. Dieser Weg ist für Adele nicht gangbar. Ihre Erfolge sind immer erkämpft, und hat sie etwas erreicht, so muß sie diese Position behaupten.

In dem introvertierten Sohn aus gutem Hause, der nicht kämpfen muß, Geist und Kultur besitzt, ohne den Zwang, dies alle Augenblicke zu beweisen, der zur guten Gesellschaft in Wien gehört, ohne sich mit dieser zu identifizieren, begegnet ihr eine kultivierte, scheint's heile Welt des Bürgertums. Der Unterschied zur eigenen luxuriösen Scheinexistenz, tagaus, tagein vom Bankrott bedroht, steht ihr vor Augen. Was Thomas Mann in «Tonio Kröger» literarisch beschreibt, die Sehnsucht des Künstlers nach bürgerlicher Normalität, erlebt die Sandrock als nackte Wirklichkeit, aus deren Widersprüchen es für sie keinen Ausweg gibt. Selbst einem so starken und unabhängigen Mann wie Max Burckhard war, als sie bei ihrem Gastspiel in New York in eine schwere Krise geriet, nur ein Heiratsantrag eingefallen, ohne einen Gedanken daran, was aus ihr als Schauspielerin werden sollte. In ihrer Beziehung zu Schnitzler dagegen hofft sie, dem Theater uneingeschränkt leben zu können und gleichzeitig durch den «Herrn Doctor» den Makel loszuwerden, der dem Beruf der Schauspielerin allem Starkult zum Trotz nach wie vor anhaftet. Durch Schnitzler will sie an der bürgerlichen Welt partizipieren, ohne ihr angehören zu müssen.

Denn die Sandrock weiß, daß ihr Hang zu Liebschaften bekannt und ihr Ruf nicht der beste ist. Hoffnungslos steht es mit ihren Finanzen, ihre häusliche Situation ist verzweifelt, weil sie sich nicht von ihrer herrschsüchtigen Mutter lösen kann, die sich in alles mengt, ihre Tochter immer noch verprügelt und mit diversen Heiratskandidaten verkuppeln will. Die Illusion, sie könnte dies alles hinter sich lassen und noch einmal mit der «guten Gesellschaft» Frieden schließen, verstärkt ihre Leidenschaft für Schnitzler. Sie sucht in ihm nicht vor allem den Dichter, der ihr eine Rolle auf den Leib schreibt; Schnitzlers literarische Produktion ist für sie lediglich eine Eigenschaft, der sie nach bestem Vermögen Tribut zollt, nein: Sie liebt in ihm den Bürger, den «Ehrenmann», der durch seine stolze Prinzipienfestigkeit in der Lage wäre, sie «aus dem Schlamm empor» zu ziehen.

Aber Schnitzler bewegt sich bereits seit dem Sommer 1894 auf anderen Pfaden. Die neue Liebe, Marie Reinhard, ist eine höhere Tochter, «unberührt», und sie versagt sich ihm so lange, bis er die Beziehung zu Adele beendet hat. Er ist tatsächlich der Bürger, den die Sandrock in ihm begehrt, aber als Sünderin nicht erreichen kann. Er verzeiht auch nicht wie Christus, als den die Sandrock Schnitzler am Jahrestage ihres Betruges herbeisehnt, sondern hält es mit Hebbels bravem Mann in «Maria Magdalene», der nicht «darüber hinweg kommt».

Und doch bleiben die beiden literarisch ein Paar. Ihre Möglichkeiten als Schauspielerin beschränkten sich ja keineswegs auf die Heroinen der Gründerzeit. Sie schaffte nicht nur ohne jede Irritation den Übergang von der Bühne zum Film, sondern war durchaus in der Lage, Avantgardeliteratur auf dem Theater durchzusetzen. Als Dramatiker schätzt sie die längst vergessenen Richard Voß und Ludwig Ganghofer, die seit den siebziger und achtziger Jahren die großen Bühnen mit Stücken und Rollen belieferten, ebenso wie

Schnitzler und Wedekind. Doch gab es Rollen, die sie partout nicht spielen wollte. So weigert sich die Sandrock, die gerade Erste Tragödin am Burgtheater geworden ist, zunächst hartnäckig, die Rolle der Christine Weiring in der «Liebelei» zu übernehmen. Selbst Max Burckhard muß schließlich resignieren. «Freilich mit Ketten kann ich sie nicht auf die Bühne zerren.»

Aber sie sträubt sich nicht nur aus einer «Laune». Die Figur des «süßen Mädel», das nur einmal liebt und zugrunde geht, ohne das Leben kennengelernt zu haben, gehörte eben gerade nicht zu dem Frauentypus, dem die Sandrock auf der Bühne zu seinem Recht verhelfen wollte. Christine Weiring sieht erst im dritten Akt, daß sie für den Mann ihres Lebens nur ein angenehmes Spielzeug gewesen ist, und entdeckt erst jetzt an sich jenen weiblichen Stolz, den die Sandrock der Männerwelt entgegenzusetzen gewohnt ist. Erst als sie das erkennt, übernimmt die Sandrock die Rolle.

Bei der Premiere am 9. Oktober 1895 zieht sie alle Register und spielt von Beginn an so hinreißend, daß Schnitzler schon nach dem ersten Akt auf die Bühne gerufen wird und die Mitglieder des Kaiserhauses, Erzherzog Karl und Erzherzogin Maria Theresia, trotz der anstößigen Vorgänge auf der Bühne bis zum Schluß bleiben. Das Stück hat derart Anklang, daß nicht weniger als 23 Aufführungen allein in der Spielzeit 1895/96 am Burgtheater stattfinden. Nach diesem Erfolg ist Arthur Schnitzler ein bekannter Autor, um dessen Uraufführungen zwischen dem Burgtheater und dem Deutschen Theater in Berlin, den beiden ersten deutschsprachigen Bühnen, ein Wettstreit entbrennt.

Zehn Jahre später verhilft die Sandrock übrigens auch und pikanterweise dem Rivalen Wedekind zum Durchbruch: als Gräfin Geschwitz in der «Büchse der Pandora». 1905 ist Frank Wedekind bereits über vierzig und immer noch als Bänkelsänger, der seine Gedichte zur Laute vorträgt, be-

K. K. Hof= Burgtheater.

Mittwoch den 9. Oktober 1895.

206. Vorstellung im Jahres-Abonnement.

Zum ersten Mal:

Rechte der Seele.

Schauspiel in einem Akt von Giuseppe Giacosa. Deutsch von Otto Eisenich: d.

Paul . . .	Hr. Hartmann.
Anna, seine Frau . . .	Fr. Hohenfels.
Marius, ihr Bruder . . .	Hr. Krastel.
Johanna, Magd . . .	Fr. Kratz.

Ort der Handlung: Eine Villa auf dem Lande. — Zeit: Die Gegenwart.

Zum ersten Mal:

Liebelei.

Schauspiel in drei Akten von Arthur Schnitzler.

Hans Weiring, Violinspieler an einem Vorstadttheater . . .	Hr. Sonnenthal.
Christine, seine Tochter . . .	Frl. Adele Sandrock.
Mizi Schlager, Modistin . . .	Frl. Kallina.
Katharina Binder, Frau eines Strumpfwirkers . . .	Frl. Bleibel.
Lina, ihre 9jährige Tochter . . .	Camilla Gerzhofer.
Fritz Lobheimer	junge Leute . . .	Hr. Gutscher.
Theodor Kaiser	. . .	Hr. Fella.
Ein Herr . . .	Hr. Mitterwurzer.
Ein Herr . . .	Hr. Slaner.

Ort der Handlung: Wien. — Zeit: Die Gegenwart.

Zwischen dem ersten und zweiten Stück größere Pause.

Der freie Eintritt ist heute ohne Ausnahme aufgehoben.

Kassa-Eröffnung 6 Uhr. Anfang 7 Uhr. Ende vor halb 10 Uhr.

Unpäßlich: Fr. Mitterwurzer. Fr. Wolter. Hr. Gabillon. Hr. Robert. Hr. Stätter.

Donnerstag den 10. Rechte der Seele Liebelei.	
Freitag den 11. Don Carlos.	
Samstag den 12. Rechte der Seele. Liebelei.	

Preise der Plätze:

Im jeder zur Repertoire angekündigten Vorstellung erfolgt Tags vorher bis 1 Uhr Nachmittags die Ausgabe der Stammsitze; um halb 2 Uhr Nachmittags (Tags vorher) beginnt der allgemeine Verkauf von Logen und Sitzen.

Ein Sieg, den Arthur Schnitzler der Sandrock verdankt. Mit «Liebelei» gelang ihm am 9. Oktober 1895 am Wiener Burgtheater der Durchbruch zum Bühnenautor.

kannter als mit seinen Dramen, die von der Zensur verboten und in diesem Fall sogar von Staatsanwälten unter Anklage gestellt werden.

«Die Büchse der Pandora» wurde als Pornographie beschlagnahmt, und gegen den Autor und seinen Verleger wurden Strafverfahren eingeleitet, die durch drei Instanzen gehen sollten. Vor allem gegen diese Kriminalisierung richtete sich die Privataufführung vor großem Publikum, die Karl Kraus von diesem Stück in Wien organisiert hat. Dieses Projekt war zugleich ein wohlinszenierter Schlag gegen das etablierte Kulturleben der Kaiserstadt, genauer gegen das «Junge Wien»: Hermann Bahr und Felix Salten, die Meinungsbildner im Feuilleton; gegen Hofmannsthal, der lieber an den Fäden im Hintergrund zog und eher die vornehmere Welt bediente, weil ihm die «gemeine Deutlichkeit der Dinge» widerstrebte.

Als Exponenten dieser Kultur griff Kraus seit der Uraufführung von «Liebelei» Arthur Schnitzler, der den «geringfügigen Ruhm besitzt, in solcher Mitte der Beste zu sein», heftig an. Dieser gefeierte Dichter war für ihn ein «konzentrierter Schwächezustand», eine Flaumfeder, die fällt, und die Erde dröhnt. Durch ihre Mitwirkung an der «Pandora»-Aufführung wandte sich die Sandrock, ob absichtlich oder nicht, auch gegen Schnitzler. Dieser bleibt dem Ereignis, obwohl er sich sonst keine aufregende Premiere entgehen läßt, fern.

Adele und Wilhelmine Sandrock gehören zum Freundeskreis von Karl Kraus, der seit der Gründung seiner Zeitschrift «Die Fackel» im April 1899 die Wiener Verhältnisse durchleuchtet und sich mit allen anlegt, die Rang und Namen besitzen. Vor allem mit den Autoren des Café Griensteidl, die er kennt, seit er selbst dort mit ihnen verkehrte. Mit seiner Satire «Die demolierte Literatur» (1897), von der in kurzer Zeit drei Auflagen erscheinen, distanzierte er sich von ihnen und verfolgte danach auf Schritt und Tritt das Tun seiner ehemaligen Mitstreiter, für die er nie mehr gewesen war als der «kleine Kraus». Unermüdlich setzt er die «Sensitiven» dem Gespött aus. Kraus wirft ihnen vor, daß sie ihre anfängliche Begeisterung für den Blick hinter die Kulissen rasch aufgegeben und sich «ängstlich in das Schneckengehäuse ihres vorgeblichen Ich zurückgezogen haben und nur zeitweise heraustreten, um dessen kokette Windungen zu betrachten». Von der ersten Nummer der «Fackel» an ist Arthur Schnitzler, der Jahr für Jahr mindestens eine Uraufführung in Wien oder Berlin hat, Zielscheibe des Satirikers. Statt für das dekadente «Jung-Wien» setzt sich Kraus für den verfemten Dramatiker Wedekind ein, dessen «blendend perspektivischen Gedankenreihen uns endlich über das armselige Milieugeschäft emporheben». «Die Büchse der Pandora», deren Aufführung Kraus betrieb, ist der zweite Teil der «Lulu»-Tragödie und führt in ein dunkles Milieu, eine Welt von Gescheiterten, mit Börsenschwindlern, Doppelagenten und Prostituierten, Mädchenhändlern und Halbweltdamen. Ihre «anständigen Männer», Medizinalrat Dr. Goll, den Kunstmaler Schwarz und Dr. Schön, den Pressezar, hat Lulu unter die Erde gebracht und erlebt nunmehr ihren Abstieg, Verfolgung und Untergang. Die lesbische Gräfin Geschwitz hebt sich durch ihre bedingungslose Liebe aus diesem Sumpf hervor. Sie ist die Hauptfigur des Dramas. Unbeirrt hält sie zu Lulu, auch noch als diese ganz allein vor ihrem Mörder steht.

Adele Sandrock hat sich bereit erklärt, diese schwierige Rolle zu spielen. Obwohl diese Geschwitz, kraft ihrer Liebe, die Kreaturen in der «Büchse der Pandora» überstrahlt, kommen der Sandrock bei der Generalprobe auf einmal Bedenken; sie benutzt ihre Schwester Wilhelmine, die Fräulein Sandrock in Ablösung der Mutter als Anstandsdame begleitet, als Ausrede, und mit dem Ruf: «Da nimmt mich ja Willi vom Theater», weigert sie sich, diese Rolle zu spielen. We-

dekind, als hoffnungsvoller Autor gerade aus München an-
gereist – er will die prägnante kleine Rolle des Lustmörders
spielen –, sucht die ungnädige Diva in ihrer Wohnung auf
und wirft sich auf die Knie, mit der flehentlichen Bitte, doch
zu spielen. Diese Demutsgeste überzeugt die Sandrock, sie
übernimmt diese Figur, mit der sie von Beginn an mit der
moralischen Überlegenheit einer selbstlos Liebenden auftreten kann. Es wird ein Riesenerfolg, der ihrem Abschied von
Wien einen trotzig triumphierenden Akzent verleiht. Ein
paar Wochen später muß die Aufführung wiederholt werden.

Nicht zuletzt unter dem Eindruck dieser Aufführung kam
es am 23. Februar 1906 vor dem Königlichen Landgericht zu
einem Freispruch für den Dichter und seinen Verleger. Vor
allem aber streckte nun endlich Max Reinhardt die Fühler
nach Wedekind aus: Er inszeniert 1906 «Frühlings Erwachen» im Deutschen Theater. Dort hält es sich bis 1926 als
meistgespieltes Stück eines deutschen Autors auf dem Spielplan und bietet Generationen von jungen Schauspielern Gelegenheit, in den Kinderrollen zu debütieren und aus diesen
als bekannte Schauspieler herauszuwachsen.

Anders als Schnitzler, der sich nach dem Erfolg der «Liebelei» hinter der Szene durch Dillys Dummheit und Zu-
dringlichkeit enerviert fühlt, schrieb Frank Wedekind der
Sandrock einen Brief, der keine Zweifel daran läßt, daß er
wußte, was er ihr zu verdanken hatte. Dieser Dramatiker
litt, wenn die Schauspieler seine Stücke gehorsam, aber tem-
peramentlos ablieferten, und ging selbst auf die Bühne, nicht
weil er sich für einen überragenden Schauspieler hielt, sondern um wenigstens die Richtung anzudeuten. Für Wedekind gehörte die Spielkultur der Sandrock keineswegs einer
vergangenen Epoche an. Er bewunderte in ihr das Gegenteil
der naturalistischen Routine, bei der die Schauspieler mit
dem Rücken zum Publikum kaum verständlich agierten und
es auf abgedunkelter Bühne langweilten.

Wedekinds Brief, am 10. Juni 1905 in Hermann Bahrs Wochenschrift «Die Zeit» veröffentlicht, lautete:

«Hochverehrtes gnädiges Fräulein!
Ich kann es mir nicht nehmen lassen, Ihnen für Ihre Mitwirkung bei der Aufführung meines Stückes meinen tiefsten Dank auszusprechen. Die erschütternden Herzenstöne, die ich an jenem Abend zum ersten Mal von Ihnen hörte, werde ich wohl schwerlich in meinem Leben je vergessen. Halten Sie mich nicht für einen Kunstbarbaren, weil ich Sie bis dahin noch nie auf der Bühne gesehen habe. Ich war bis dahin nur zweimal in Wien gewesen und war dabei selber abends beschäftigt. Ich rechne es mir als großes Glück an, daß ich Ihre gewaltige Kunst kennenlernen durfte und bitte Sie glauben zu wollen, daß ich die Ehre, die meiner Arbeit durch Ihre Mitwirkung zuteil wurde, im höchsten Maße zu schätzen weiß.

Sie scheinen mir als Künstlerin dazu auserlesen, überlebensgroße Gestalten derart zu verkörpern, daß der Zuschauer gezwungen ist, an die Wirklichkeit solcher Gestalten zu glauben. In diesem Sinne wird *Ihre* Kunst meinem Schaffen von heute ab ein Vorbild sein. Ich wüßte mir kein höheres Glück als ein Menschenschicksal zu schaffen, das groß und tief genug wäre, daß Sie Ihre seelische Gewalt völlig darin ausleben könnten und dessen Darstellung Ihnen selber dabei mehr menschliche Genugtuung gewährt als die Rolle, die Sie in meinem Stück so über die Maßen wundervoll verkörperten. Erlauben Sie mir, gnädiges Fräulein, Ihnen den Ausdruck größter Verehrung und Dankbarkeit zu Füßen zu legen.
Frank Wedekind.»

Mit Wedekind verband sie eine lebenslange Freundschaft. 1920 entdeckte sie durch den «Liebestrank», ein frühes Wedekind-Lustspiel, ihr umwerfend komisches Talent. Als rus-

sische Fürstin, eine füllig gewordene ehemalige Zirkusakro-
batin aus Paris, die sich in der Welt des Adels bewegt, als hätte sie die Manege nie verlassen, wird sie von Lachstürmen
des Publikums in die zweite Karriere getragen, die ihr Alter
vergolden sollte.

Männerbündelei

Das Theater brodelt im Hintergrund wie ein Hexenkessel, als die Diva und ihr Dichter sich trennen. Die Atmosphäre ist eher noch emotionsgeladener als dreizehn Monate zuvor bei der stürmischen «Märchen»-Premiere. In der ersten Januarwoche 1895 wechselt die Sandrock vorzeitig zum Burgtheater. Während sie spürt, daß Schnitzler ihr entgleitet, verhandelt sie mit Burckhard, dem Mann, der sie im Unterschied zu Schnitzler hingebungsvoll geliebt hat und nun ihr Direktor wird.

Aber auch Schnitzlers Nerven sind zum Zerreißen gespannt. Gerüchte kursieren über die Sandrock, ihn und sein neues Stück. Die theaterinteressierte Öffentlichkeit erwartet vom Übergang der Sandrock zum Burgtheater eine Aufführung der «Liebelei», und Schnitzler weiß, es nützt ihm wenig, wenn das Stück hier über die Bühne geht, aber die Sandrock nicht spielt. Daß er gerade jetzt der Sandrock gegenüber nicht frei ist und Kompromisse eingehen muß, bedrückt ihn noch mehr.

«Abend bei Dilly – Anfangs, ‹um mich zu prüfen›, leugnete sie, daß Direktor Burckhard da gewesen; ich nun riesig nervös; widerliche Scene. Also, die Burgtheater Affäre erledigt, in wenig Wochen tritt Dilly ihr Engagement an. Dann weinte sie wegen Burckhard (mit dem sie ein langes Verhältnis gehabt) – ‹Der Mann für den ich soviel gelitten› – Dann schwur sie abwechselnd, daß sie noch nie jemanden so geliebt wie ihn – noch nie jemanden so geliebt wie mich. Ihre Tränen erinnerten mich wieder an Mizi Glümer und ich

Die knabenhafte Hundefreundin.

weinte auch. Sie war mir sogar ein paar Minuten rührend; und dadurch fast sympathisch. Das verlor sich aber. Ich komme mir geradezu prostituirt vor in der letzten Zeit.»

Als neuer Favorit tritt aber zunächst Felix Salten ins Rampenlicht; er hatte Schnitzler öfter in die Wohnung der Diva begleitet. Mitten in einem ekstatischen Liebesbrief, den die Sandrock um «3 Uhr Nachts» an ihren «geliebten, angebeteten Arthur» schreibt, heißt es plötzlich: «Felix – Felix – war heute zwei Stunden bei mir – – – –» und «Samstag gehe ich mit Salten nach der Vorstellung soupiren».

Am 19. Januar steht die Abschiedsvorstellung im Volkstheater bevor. Sie ist wichtig, weil man die Sandrock wegen ihres Übertritts ins Burgtheater mit Hauptrollen absichtlich kurzgehalten hatte, um beizeiten ihre Konkurrentinnen in den Vordergrund zu rücken. In Ludwig Fuldas Komödie «Kameraden» spielt sie die Thekla, eine hysterische Frau, die nicht nur ihren Seelenfreund Dr. Wulf mit ihren Allüren nervt. Die Sandrock nutzt die Gelegenheit und zeigt sich von einer Seite, die alle überrascht: als eine umwerfende Komödiantin, die sich selbst als «blonde Bestie» parodiert. Publikum und Kritik geraten derart aus dem Häuschen, daß die Abschiedsvorstellung fünfmal wiederholt werden muß. Schnitzler notiert befriedigt, daß Adeles Partner Gianpietro sein Gesicht als Maske trägt, «was sehr auffiel und belacht wurde». Viel weniger behagt ihm anschließend bei der Premierenfeier im Riedhof, daß die Diva offensichtlich mit Salten flirtet, füßelt und unzweideutige Blicke tauscht. Am Schluß fordert sie ihn sogar auf, in ihren Wagen zu steigen und mit ihr und Schnitzler nach Hause zu fahren. Der Riesenerfolg ist ihr zu Kopf gestiegen, und offensichtlich will sie nun zwei Fliegen mit einer Klappe schlagen: Schnitzler eifersüchtig machen und sich zugleich mit dem frischen, sieben Jahre jüngeren Mann vergnügen, der keinen griesgrämigen Eindruck macht und

Felix Salten, Schnitzlers Freund und Nachfolger bei der Sandrock.
Weltberühmt durch sein Tierbuch «Bambi» (1923).

ebenso hundelieb ist wie sie. Überhaupt wurden ihre Liebhaber immer jünger. Ihr späterer Verlobter, der Schriftsteller
Roda Roda, der sie eine «Condottiera der Liebe» nannte und
sie in seiner Autobiographie «Roda Rodas Roman» (1925) als
Tänzerin Manja Karinskaja beschrieb, war neun Jahre jünger,
und schließlich hätten ihre Liebhaber auch ihre Söhne sein
können.

Am nächsten Tag stellt Schnitzler Salten zur Rede; sein Intimus verspricht, ihn auf dem laufenden zu halten. Zwei Tage später, am 22. Januar ist es dann endlich so weit. Aber
Schnitzler ist keineswegs erleichtert, die anstrengende Geliebte loszusein, sondern «sehr, sehr verstimmt». Als Salten
ihm gesteht, daß er bis um sechs Uhr früh bei der Sandrock
war, schmerzt es ihn, und er sehnt sich nach den gemeinsamen Ischler Tagen im August letzten Jahres. Aber Salten soll
statt Schnitzler um halb elf abends zum Rendezvous gehen
und der Diva sagen, daß Schnitzler alles weiß. Beide sind
aufgeregt wie kleine Buben und haben Angst vor den zu er-
wartenden Szenen.

Um zwei Uhr kommt Salten zurück ins Griensteidl und
berichtet: Zuerst sei Adele ganz heiter gewesen und froh,
daß die Geschichte ein Ende gehabt hat. Danach hat sie aber
das Gefühl, sie kann ohne Schnitzler nicht leben, und droht
mit Selbstmord in der Donau. Allerdings schwächt sie kurz
darauf wieder ab: «Das sage ich immer.» Schnitzler ist sehr
befriedigt, daß die Verlassene so verzweifelt reagiert. Es
freue ihn, daß Salten erlebt habe, wie leer und zusammen-
hanglos die berühmte Sandrock in Wirklichkeit sei. Salten
kann ihm nun «alles nachfühlen». Beide müssen sehr lachen.
«Und alles Schmerzliche vom Nachmittag war verflogen.»
Die Buben halten zusammen.

Dieses bruchlose Einverständnis berührt merkwürdig,
und das gemeinsame Lachen wirkt wie der Schlußpunkt eines abgekarteten Spiels. Dem ist aber nicht so. Die Aktivität

bei diesem Seitensprung ging von der Sandrock aus, und Schnitzler ärgert sich über Hermann Bahr, der Salten unterstellt, dieser wolle sich als junger Theaterkritiker interessant machen, indem «er ein Verhältnis mit der Ersten Tragödin habe». Ihr Einverständnis ist nicht eigentlich verabredet, sondern eine Folge des homoerotischen Klimas, das zwischen ihnen, unbewußt, herrscht. Schnitzler kennt Salten als aufrichtigen Freund, dem er auch seine Liebesangelegenheiten anvertraut. Anderthalb Jahre zuvor hat Salten ihn schon einmal von einer Geliebten, Fifi (Josefine von Weisswasser), «befreit», weil er doch lieber nur mit Jenny zusammensein wollte.

Es fällt auf, daß Schnitzler in diesem Fall seine Eifersucht beherrschen kann. Was für Qualen hat er doch ausgestanden beim Gedanken daran, was sein kraftstrotzender Freund Theodor Friedmann alles mit Marie Glümer gemacht hat, bevor sie seine Geliebte wurde! Bei Salten verhält es sich anders: Ihm fühlt er sich physisch und gesellschaftlich weit überlegen.

Freunde spielen in Arthur Schnitzlers Leben eine große Rolle; er bewundert sie heimlich, wenn sie frecher sind, als er es sich traut, aber er kann selten stolz auf sie sein. In der Schule zieht es ihn zu den schlechten Schülern aus ärmlichen Verhältnissen, die ohne Reifezeugnis abgehen müssen. Beim Medizinstudium hält er es mit Bummelanten und abenteuerlichen jungen Männern, die nicht langweilig sind, deren Bekanntschaft aber wenig Ehre einträgt. Auch hier kommen die Freunde überwiegend aus ärmeren Verhältnissen, die sie nicht etwa durch gute Noten ausgleichen wollen, sondern durch Glück beim Spiel und in der Liebe. Offensichtlich will Schnitzler in diesen Freundschaften den Hang zur Verwahrlosung ausleben, vor dem ihn die väterliche Obhut bewahrt hat. Der Umgang mit den Kumpanen ist seit Beginn der Schulzeit eine Sorge des Vaters, kaum weniger beängstigend als Arthurs Neigung zum weiblichen Geschlecht. Aber Männergesellschaften gab es natürlich auch in kultivierteren Kreisen. Seit 1890 scharte sich der Griensteidl-Kreis um Eduard Michael Kafka, den jugendlichen Herausgeber der Monatsschrift «Moderne Dichtung», dem beständig Fieberrosen auf den Wangen brennen, weil er unheilbar an Lungenschwindsucht leidet. Die jungen Männer hier sind meist sechs, sieben Jahre jünger als Schnitzler, der mit ihnen seine Schul- und Studienbekanntschaften fortsetzt. In seinem Tagebuch von 1891 beschäftigt er sich mit nicht weniger als achtzehn Autoren, darunter etwas später auch Karl Kraus und Peter Altenberg:

«27. März Schwarzkopf's Satyre klippt plötzlich ab; nicht, beim Uebergang vom speciellen ins allgemeine sich in Humor verlierend, sondern er steht dem allgemeinen wieder kalt gegenüber.

Bedeutendes Talent, ein 17jähriger Junge Loris (v. Hofmannsthal). Wissen, Klarheit und, wie es scheint, auch echte Künstlerschaft, es ist unerhört in dem Alter.

Goldmann geht nach Brüssel als Correspondent der Frankfurter Zeitung.

Baron Torresani, auch in Griensteidelgesellschaft.

Kafka und Joachim, die Herausgeber der Modernen Rundschau.

Dörmann, scheinkranke Lyrik, dabei sicher große Formbegabtheit. Wie tief es gehen wird? – 21 Jahre!

Leo Ebermann, sehr begabt, hat mich, scheints, sehr gern, ich kann ihn persönlich nicht ganz goutiren, aesthetisch thut er mir nicht wohl.

19. Juli. Abend. – Ich war mit Falk Schupp nachtmahlen! Dieses merkwürdige Gemisch naiver Lebenskunst und psychologischer Tüftelei. Zahntechniker, jetzt angehender Schauspieler; von einer naiven Indiscretion, voll Interesse am Schönen, ohne klar zu sein – aber von einer sympathi-

schen Unklarheit, die wohlthut wie Morgendämmerung, während man im Bett bleiben kann.

– Dörmann: er deutet den Rhythmus seiner Empfindung in Stimmung um.»

Der eigentliche innere Kreis besteht neben Schnitzler aus Beer-Hofmann, Hofmannsthal und Salten, hinzu kommen noch der Kritiker und Erzähler Gustav Schwarzkopf, Jahrgang 1853, und der Mathematiker und Musiker Leo Vanjung. Mit den engsten Freunden trifft er sich beinahe täglich und tauscht sich aus. Wichtig sind auch Verabredungen, bei denen man sich die neuen Sachen vorliest. Dies freilich nicht im Kaffeehaus, wie damals immer wieder behauptet wurde, um den ernsthaften Charakter dieser Literatur in Frage zu stellen, sondern privat. Einen Eindruck von dem entspannten homoerotischen Klima in diesem Kreise vermittelt ein Brief Hugo von Hofmannsthals vom September 1891, mit dem er Hermann Bahr in Schnitzlers Wohnung am Kärntner Ring locken will: «Ich möchte Ihnen gern das Sonntagsrendezvous geben, gehe aber nach dem Lunch ins Philharmonische Konzert. Zwischen 4 und 6 Uhr aber bin ich bei Dr. Schnitzler, Kärntnerring 12, 3. Stock. Wenn Sie dorthin kämen, würden Sie ihm und mir eine aufrichtige Freude machen. Man sitzt und plaudert besser als im Kaffeehaus und ist ebenso allein, ungestörter als bei Griensteidl. Die Lampen haben rote Schirme. Es gibt Kognak. Man ist nicht Gast, und es gibt keine Hausfrau.»

Am längsten ist man auf Radtouren zusammen, die einige Tage dauern; man legt dabei wenig Wert auf Luxus und übernachtet in einfachen Wirtshäusern. Das Radfahren, das zu dieser Zeit gerade auch die Intellektuellen begeisterte, galt nicht als noble Passion, wie es die damals übliche englische Bezeichnung Bicycle für das Fahrrad vermuten läßt. Die Fahrräder waren ziemlich teuer, aber das war auch das einzig exklusive. Radfahren wurde als modernes Gesundheitsmittel geschätzt, mit dem man ohne viel Umstände der Zivilisation entfliehen konnte. Das «Junge Wien» bezieht nicht nur die «Décadence» aus Frankreich, sondern auch seinen Sportenthusiasmus. Im Oktober 1894 meint Hermann Bahrs Wochenschrift «Die Zeit» zur «Ästhetik des Rades»: «Das Radfahren ist eine Leidenschaft, der niemand mehr entgeht. Nach dem Unbekannten aufbrechen, Entfernungen durcheilen, die weder der Reiter noch der Fußgänger jemals zurückgelegt, dorthin dringen, wo Eisenbahnen unbekannt sind, mit nichts rechnen als mit der eigenen Kraft, nur der eigenen Eingebung folgen – all' das gewährt uns das Rad, und wir finden in ihm die Befriedigung des uralten Triebes, der zu den ältesten Gewohnheiten der Menschheit gehört: des Wandertriebes.»

Ein heroischer Unterton begleitete das Radfahren, der uns heute nur noch in Anbetracht der damaligen Straßenverhältnisse verständlich erscheint; männerbündische, weltanschaulich oder politisch orientierte Radfahrklubs schossen in den neunziger Jahren wie Pilze aus dem Boden. Ihre stramme Parole «All Heil», die in dieser Zeit aufkam, hat auch heute noch keinen Rost angesetzt und begleitet die Aktivitäten im Verein.

Von solch umstandsloser Kameraderie ist die Männerfreundschaft der Literaten natürlich weit entfernt. Sie treten nicht gern geschlossen auf; wenn man sie als «Freunde» bezeichnet, reagieren sie leicht nervös und betonen die Unterschiede. Reaktionen wie die Schnitzlers sind eher typisch. Kurz vor Weihnachten 1895, seit der Uraufführung von «Liebelei» vom 9. Oktober berühmt geworden, bilanziert er sein Verhältnis zu den nächsten Freunden, mit denen er seit fünf Jahren eng verbunden ist:

«Im Verkehr ist mir entschieden Salten der angenehmste, ich hab ihn sehr gern, besonders wenn ich persönlich mit ihm

126

Die «Clique», Richard Beer-Hofmann und Hermann Bahr (stehend), Hugo von Hofmannsthal und Arthur Schnitzler (sitzend). Schnellfoto bei einem Prater-Besuch Anfang der neunziger Jahre.

zusammen bin; vermisse ich ihn einige Tage, so stört mir Überlegung, besonders seine Unverlässlichkeit das Bild. – Richard, den ich außerordentlich gern hab, macht mich oft durch seine raunzige Maniriertheit nervös. – Hugo ist dem Bahr zu nah; das läßt ihn offenbar mir gegenüber nicht wirklich und stetig warm werden; und trotz beiderseitigem guten und besten Willen, ist kein tieferes Verhältnis zwischen uns, wie es sein könnte und vielleicht müsste. Es ist eine Tatsache, dass ich ihm gegenüber im persönlichen Verkehr nicht ganz ohne Befangenheit bin und das Gefühl hab nicht so aus mir herauszukönnen, wie es für seine Werthschätzung meiner Person nothwendig wäre. – Schwarzkopf hab ich sehr gern; sein Verstand, seine Ehrlichkeit thun mir wohl. Er wird jetzt vielleicht unterschätzt, was ihn gewiss kränkt, und lässt sichs nicht merken – vielleicht sich selber nicht.» (21. 12. 1895)

Felix Salten ist durch seinen in den zwanziger Jahren geschriebenen Tierroman «Bambi», den Walt Disney 1942 verfilmte, ein Erfolgsautor geworden. Als er zu Beginn der neunziger Jahre mit Arthur Schnitzler befreundet war, paßte er nicht recht in den Kreis gutsituierter Bürgersöhne wie Richard Beer-Hofmann oder Hugo von Hofmannsthal. Allerdings bestand seine ‹Unverläßlichkeit› vor allem darin, daß er seine notleidenden Eltern unterstützte, die in einem Viertel ostjüdischer Einwanderer in der Josefstadt lebten. Er lieh sich größere Summen, indem er die Freunde als Bürgen benutzte, aber dann das Geld nicht zurückgab. Salten verheimlichte diese Verhältnisse auch vor seinen Freunden, die erst nach und nach dahinter kamen, wie es ihm wirtschaftlich ging. Auf journalistische Arbeit angewiesen, entwickelte er ein entsprechend erfolgsorientiertes Verhalten. Schnitzler aber zweifelte so wenig an Saltens aufrichtiger Freundschaft, wie er darüber nachdachte, worauf seine Sympathie für den fast acht Jahre jüngeren Freund beruhte, mit dem er in den nächsten Wochen in täglicher Absprache die emotionalen Ausbrüche der Sandrock überstehen wollte.

Schnitzlers außergewöhnliche Intensität der Selbsterforschung, um die sogar Freud ihn beneidet hat, kommt bei der Homosexualität an eine Grenze. Hier verrät er wenig Neugier und sammelt keinerlei Erfahrung. Wo Homoerotik in der Literatur unübersehbar dargestellt wird, ist er peinlich berührt, so bei der Lektüre von Klaus Manns Roman «Der fromme Tanz» (1926) oder Hans Henny Jahnns «Medea» (ebenfalls 1926). So etwas erscheint ihm typisch für die Übertreibungen der neuen Zeit, die er im allgemeinen recht positiv sieht. In seinen Fragment gebliebenen Memoiren «Jugend in Wien» erwähnt er die homosexuellen Neigungen seines Jugendfreundes Richard Horn und beginnt sogleich nach Altväterweise von einer Zeit zu schwärmen, in der man das moderne Laster der Homosexualität noch nicht kannte und, wenn es trotzdem einmal auftauchte, keineswegs überschätzte: «Daß bei jenen Schwärmereien homosexuelle Regungen mitschwingen könnten, kam den Beteiligten damals so wenig zum Bewußtsein wie mir; umso weniger, als wir alle von der gewiß nicht unbedeutenden, jetzt meines Erachtens freilich überschätzten Rolle, die diesen Trieben in der jugendlichen Seele zugewiesen ist, ja kaum von ihrem Vorhandensein eine Ahnung hatten.»

Nur an wenigen Stellen seiner Tagebücher und in seinen Werken äußern sich homoerotische Strebungen manifest. So trägt er am 25. November 1921 peinlich berührt ins Tagebuch ein: «Gestern träumte ich, als wär ich mit meinem Vater uneins, es war aber gar nicht mein Vater, sondern er sah einer inferioren Figur aus einem Wiener Volksstück ähnlich (gestern Abend Nestroy gelesen), – wir stritten (worum?) lagen zusammen im Bett (angekleidet), ich war erschüttert und weinte, als hätte ich ein Unrecht begangen, küsse ihn auf die Schenkel.» Der Seelenzergliederer klammert sich hier an die Ergebnisse der Traumzensur, um trotz allem der skandalösen Erkenntnis zu entgehen: der Vater ist doch nicht der Vater, sondern ein inferiorer Mensch; ein Stück Literatur, Nestroy, nicht das eigene Innere, hat den Traum angeregt, und besonders schicklich: der Träumer liegt angekleidet mit dem Mann im Bett.

Nur *eine* Novelle bearbeitet das quälende Schuldgefühl, das Schnitzler bei dem Gedanken der Liebe unter Männern bedrängt. «Flucht in die Finsternis», 1931 knapp zwei Monate vor seinem Tod als letztes Werk publiziert, hat ihn aber seit 1909 beschäftigt. Die Novelle handelt von einem Konflikt, der wohl eher in den Bereich der Schauerromantik gehört. Ein Mann fürchtet, wahnsinnig zu werden, und schließt mit seinem Bruder, der Arzt ist, einen schriftlichen Vertrag: Er soll ihn töten, wenn der bedrohliche Fall eingetreten ist. Der Abschluß dieses Vertrages beruhigt aber den psychisch schwergestörten Mann keineswegs. Aus Angst, erwürgt zu werden, erschießt er seinen Bruder in dem Moment, als dieser ihn zärtlich umarmen will, um ihn zu trösten wie in der Kinderzeit.

In dem autobiographisch gefärbten Roman «Der Weg ins Freie» (1908), der mit 136 (!) Auflagen bis 1929 das erfolgreichste Buch Schnitzlers wurde, bleibt das innige Einverständnis unter Brüdern nur ein flüchtiges Erlebnis, das trügerische Hoffnungen weckt. Georg von Wergenthin spricht sich mit seinem Bruder Felician aus, und beide reichen sich «die Hände, und dann küßten sie einander, was schon seit langer Zeit nicht geschehen war. Und Georg beschloß sein Kind, wenn es ein Knabe werden sollte, Felician zu nennen, und er freute sich der guten Vorbedeutung im Glücksklang dieses Namens.»

Der Glücksklang reicht aber nicht aus. Die Totgeburt des Knaben symbolisiert nicht nur das ungleiche Liebesverhältnis zwischen Marie Reinhard und Arthur Schnitzler, die im

Roman als die Musiklehrerin Anna Rosner und der Aristokrat Georg von Wergenthin dargestellt sind; auch der Moment der Versöhnung unter den ungleichen Brüdern hat keine Zukunft.

Schnitzlers Abwehr der Homosexualität ist nur allzu begreiflich. Um die Jahrhundertwende, als man sich auf breiter Front um sexuelle Aufklärung zu bemühen beginnt, gab es kein stärkeres Tabu als den Umgang mit ihr. Auch heute noch fällt es, trotz aller Talk-Shows über sexuelle Praktiken, schwer, die eigene Homosexualität anzunehmen und darüber zu schreiben. In der Zeit, in der Schnitzler aufwuchs, sah die Geschlechtertrennung im Bürgertum für Männer und Frauen abgründig verschiedene Welten vor. Das bürgerliche Haus, obwohl inzwischen ziemlich geräumig, verwies die weiblichen Mitglieder der Familie unerbittlich aufeinander. Voreheliche und außereheliche Sexualität waren für anständige Frauen streng verpönt. Höchstens auf Ballveranstaltungen lernten sich die Geschlechter kennen; bei Einladungen blieben die Damen unter sich, während die Herren in einem anderen Raum Karten spielten, rauchten und sich vor dem Ruf hüteten, ein «Damenmann» zu sein. Clara Loeb, die als Frau Pollaczek in den zwanziger Jahren Schnitzlers Lebensgefährtin wird, hat diese Atmosphäre der Geschlechtertrennung in einer kleinen Szenenfolge «Mimi. Schattenbilder zu einem Mädchenleben» festgehalten; Hugo von Hofmannsthal verfaßte einen Prolog, den er bei der Privataufführung im Hause von Moritz Benedikt am 15. Dezember 1896 vortrug. Wie eine Gefangene wird das aufgeweckte junge Mädchen von jedem männlichen Kontakt ferngehalten; vor der Ehe mit einem ihr gleichgültigen Gatten kommt es nur zu einer flüchtigen Seelenfreundschaft mit einem entfernten Vetter. Da die zweiundzwanzigjährige Autorin einer angesehenen Wiener Familie angehörte, erregte die Veröffentlichung in der «Neuen Deutschen Rundschau» 1897 unter dem Pseudonym Bob einen kleinen Skandal;

ihre Eltern verboten ihr jede schriftstellerische Tätigkeit und ließen das beim Fischer Verlag schon gedruckte Buch, ungeachtet des Hofmannsthalschen Prologs, einstampfen. Für die norddeutschen Verhältnisse ist Gabriele Reuters Roman «Aus guter Familie» (1895) einschlägig; er stellt die Lebenswelt eines reizvollen, intelligenten jungen Mädchens, Tochter eines Regierungsrats in der preußischen Provinz, aus der Sicht der Heldin dar. Dieser Roman erschien ebenfalls bei S. Fischer und entwickelte sich rasch zu einem Bestseller. Anständig sein, hieß vor allem Distanz zu den Männern halten, mit denen man nicht verheiratet oder verlobt ist. Ungezügelter ging es unter den Mädchen und Frauen zu. Schülerinnen höherer Töchterschulen küßten sich nach dem Unterricht vor dem Nachhausegehen fast regelmäßig, auch auf belebter Straße; so auch die Frauen vor und nach einem Kaffeekränzchen; wenn sie stark verfeindet waren, um die Form zu wahren, auf die Wange. Freundschaften unter Mädchen und Frauen verliefen häufig auffallend stürmisch. Ohne Scheu nannten auch reife, erfahrene Frauen einander «Vögelchen», «Herzchen», «Liebling» und küßten sich unverhohlen vor einer kurzen, manchmal nur wenige Stunden dauernden Trennung zärtlich, ohne daß jemand daran Anstoß genommen hätte. Die Keuschheit der Mädchen bis zur Ehe war etwas Selbstverständliches.

Auf der anderen Seite gab es die Frauen, die sich mit Männern vor- und außerehelich einließen: von der untreuen Ehefrau über die Kokotte und das «süße Mädel» bis hin zur öffentlichen Dirne. Diese Frauen gehörten den Männern mehr oder weniger gemeinsam. Man unterhielt sich lebhaft über ihre Qualitäten. Die Männer werden im Umgang mit ihnen zu Brüdern, weil sie keinem allein gehören und virtuell gemeinsamer Besitz sind. Mit der Begründung, sich besser vor Geschlechtskrankheiten zu schützen, unterhielten nicht selten mehrere Herren eine gemeinsame Mätresse. In der außerehelichen Sexualität ist der andere Mann ständig präsent – sie ist eine Version von Öffentlichkeit.

Die öffentliche Sphäre aber war um die Jahrhundertwende noch eine männliche Domäne, geprägt von lebhafter Konkurrenz und prächtigen Uniformen. Kernstück der Macht und des Männlichkeitskults war die Armee, welche die Sozialisation der Männer entscheidend bestimmte. Die jederzeit bedrohte Mannesehre stand über allem. Der militärische Ehrenkodex, gipfelnd im schneidigen Duell, förderte die homosexuelle Selbstwertschätzung, solange sie in der Latenz blieb. Homosexuelle Handlungen jedoch unterlagen einer fast unvorstellbar starken gesellschaftlichen Ächtung, die von den Betroffenen weitgehend geteilt wurde. Im Jahre 1895 löste der Prozeß gegen Oscar Wilde wegen Päderastie, der mit einer Zuchthausstrafe endete, in England ein gesellschaftliches Erdbeben aus; Wilde wurde als reuiger Sünder katholisch. In Deutschland und Österreich manifestierten fünf aufsehenerregende Fälle die tödliche Gefahr, welche Homosexualität, wenn sie zutage trat, umgab. Otto Weininger, der mit seinem Buch «Geschlecht und Charakter» (1903) einen Lobgesang auf männliches Ethos und Bewußtsein angestimmt hatte, beging kurz darauf Selbstmord im Wiener Beethoven-Haus, weil er bei sich sexuelle Regungen verspürte, die er als weiblich angeprangert hatte. Der Industrielle Friedrich Krupp, ein enger Freund Wilhelms II., beging 1902 Selbstmord, als in der Presse Andeutungen über seinen Umgang mit Lustknaben auf Capri zu lesen waren. Weil er sich in ein Weib verwandelt glaubte, flüchtete sich der sächsische Senatspräsident Daniel Schreber in die Paranoia. Durch den Eulenburg-Prozeß, der die Öffentlichkeit davon überzeugte, daß der engste Berater und Freund des Kaisers homosexuell sei, brachte der Publizist Maximilian Harden 1908 die Grundfesten des Wilhelminismus ins Wanken. Man bezweifelte, daß der Kaiser ernsthaft mit dem Säbel rasselte, wenn er sich mit einem Homosexuellen beriete. Zu Beginn des Ersten Weltkriegs brachte der österreichische Oberst Redl sich um, nicht weil er ein russischer Spion war, sondern weil man ihn mit seiner Homosexualität erpreßt hatte. Es verrät etwas über die Angst vor der manifesten Homosexualität der Männer, daß derartige Handlungen unter Frauen von der Gesellschaft anders beurteilt wurden und das Strafgesetzbuch hierfür keine Strafandrohung vorsah. Die gleichgeschlechtliche Liebe wurde geächtet, nicht weil sie einer bestimmten christlich-asketischen Moral widerspricht, sondern weil sie zu einer Effeminierung der Männer führt, mit denen schließlich kein Staat mehr zu machen ist, die vielmehr die Herrschaft des Patriarchats untergraben.

Tabuisiert wird nicht nur die öffentliche Sphäre, wo man verleugnet, was man privat treibt; auch die innere Wahrnehmung wird gestört, weil die Betroffenen die homosexuellen Wünsche bei sich selbst nicht mehr wahrnehmen können. Verdrängte Homosexualität aber wirkt zerstörerisch im heterosexuellen Liebesleben weiter. Sie rächt sich in der Eifersucht, welche die geliebte Frau imaginär ständig mit anderen Männern, bekannten oder unbekannten, zusammenbringt. Der «Virtuose der Eifersucht», Schnitzler, leidet unendliche Qualen unter dieser Verdrängung. Fedor Denner, der vergeblich versucht, von Fannys Lippen die Küsse seiner Vorgänger wegzuküssen, will ihnen zugleich dort begegnen. Denner kämpft um den Alleinbesitz der Geliebten gegen herbeiphantasierte Rivalen, nach denen er sich unbewußt sehnt.

Ein Aphorismus Schnitzlers aus seinem «Buch der Sprüche und Bedenken» charakterisiert das Herrenmäßige der Rivalität um die Frau, die eigentlich gar nicht gemeint ist: «Zwei Männer mögen wegen einer Frau in noch so erbitterten Streit geraten sein, – es kommt immer ein Augenblick, in dem sie nahe daran sind, einander – wie über einen Abgrund – die Hände zu reichen.» Beide empfinden sich einander näher als dem Abgrund, der sie bedroht und trennt.

Immerhin sind die Frauen in diesen Dreiecksverhältnissen nicht gänzlich austauschbar. Die Sandrock ist keine anschmiegsame Geliebte, wie Marie Glümer, die mit ihrem bescheidenen Dasein den Alleinbesitz durch einen Mann geradezu herausfordert. Die Diva agiert eher als *femme fatale*, so unbändig, daß die Brüder sie nur im gemeinsamen Besitz bezwingen – man denke an Gunter und Siegfried in den «Nibelungen». Es fällt auf, daß Schnitzler nicht nur ein entspanntes Verhältnis zu seinem Nachfolger Felix Salten behält, sondern sich auch mit seinem herausragenden Liebesvorgänger Max Burckhard intim fühlt, der zufällig nur ein Stockwerk höher im selben Haus wohnt. Als sich die Gelegenheit ergibt, überreicht er ihm ganz ungezwungen bei einer Begegnung vor dem Haustor sein neues Stück «Liebelei» – und erhält zwei Tage später ein Telegramm aus Berlin, in dem Burckhard ihm herzlich zum Stück gratuliert. Etwa sechs Wochen später, am 18. Dezember 1894, besucht ihn der Bühnendirektor in seiner Wohnung, um mit ihm über die Aufführung und den vorgezogenen Übertritt der Sandrock zu sprechen. Danach wundert sich Schnitzler, wie unproblematisch die Begegnung verlief, obwohl die Sandrock mit dem Burgtheaterdirektor eines ihrer heftigsten Verhältnisse hatte: «Ihr Bild stand auf dem Tisch, während er da war und rührte sich nicht.» Im Laufe der Zeit steigert Schnitzler seine Intimität mit dem einstigen Rivalen zu einem Vergleich ihrer Gemeinsamkeiten und Unterschiede, die Schnitzler im Umgang mit Männern so liebt: «Dabei fiel mir ein, daß von außen gesehen unsere Existenzen tatsächlich ähnlich wirken müssen – und doch wie anders leben wir, wie leicht er, wie schwer ich. Und sonderbar: gerade der Sandrock gegenüber, mit der sowohl ich als er Verhältnisse hatten, änderten wir sozusagen unsere Natur; er nahm sie schwer, ich leicht.»

Aber die Eifersucht der Sandrock hatte es auch in sich. Sie beneidet die Choristinnen – nicht nur Marie Glümer, die sie beständig im Munde führt – wegen ihrer Schönheit und ihres weniger gehetzten Lebens; diese attraktiven Mädchen, die in den Tag hineinleben, verdanken ihren Unterhalt vor allem der Liebe der Männer, die sich im Umgang mit ihnen nicht lumpen lassen. In ihrer Eifersucht versteckt sich wie bei Schnitzler, der sich zwanghaft seine Vorgänger und möglichen Nachfolger vergegenwärtigt, eine unbewußte Zuneigung, die aber vermutlich über den zärtlichen Umgang mit bestimmten Freundinnen nicht hinausging. Es ist durchaus möglich, daß ihr eine Lesbierin tatsächlich so widerwärtig war, wie sie es in der Öffentlichkeit demonstrierte, als sie sich weigerte, die Gräfin Geschwitz in der «Büchse der Pandora» zu spielen. Wedekind jedenfalls war davon überzeugt. Aber: Sie hat die Rolle gespielt.

Über das Privatleben der Sandrock gibt es mehr Gerüchte als sichere Quellen, und es fehlen die Tagebücher, die Schnitzlers Erlebnisse, Gedanken und Gefühle so eindrucksvoll festhalten. Es sind aber von ihr autorisierte Fotografien vorhanden, die sehr von den pompösen Rollenbildern als Maria Stuart oder Feodora im Geschmack der Gründerzeit abweichen. Dort posiert sie mit Zylinder, Jackett, gestärkter Hemdbrust und dunkler Fliege als eine knabenhafte Emanzipierte, die an androgyne Selbstdarstellungen von Frauen in den zwanziger Jahren erinnert. Die Sandrock liebte es, als Kamerad aufzutreten, und nannte sich nicht selten «der Diltsch». Schon als Kind entwickelte sie romantische Ideen über die Offizierslaufbahn ihres Vaters, die dieser nur aus Liebe zur schauspielernden Mutter aufgeben mußte. Als sie eines Abends unvermittelt um das Portepee bittet, das Schnitzler als «Oberarzt in Evidenz» zusammen mit der Uniform aufbewahrt, verkennt er diesen kindlichen Liebesbeweis und ist nur vor den Kopf geschlagen: «Ich erkläre ihr, das sei sinnlos, da ich kein Offizier und der ganze Stand mir einfach widerlich. – Sie: Du bist unpoetisch und geistlos.» Ihrer Männlichkeitsphantasien ist sich die Diva durchaus bewußt; sie setzt sie ein und spielt mit ihnen. Vor allem genießt sie mit heimlicher Freude, wenn ihre Garderobe mit betont männlichen Akzenten die Wiener bei ihren öffentlichen Auftritten schockiert: breitkrempiger Girardihut zum Lodenmantel oder Reitdreß mit Zylinderhut und Peitsche.

Für die Sandrock kommt die Trennung einer Katastrophe gleich. Denn bisher war sie es, die ein Verhältnis abbrach, wenn es ihr geboten schien. Daß ein Mann sie einfach stehenläßt, hat sie noch nie erlebt. Verzweifelt und am Rande eines Nervenzusammenbruchs, wird sie Schnitzler, der ihre desolate Lage eingestandenermaßen genießt, sogar wieder «sympathisch». Auf der Bühne aber ist der Diva ihre private Situation nicht anzumerken. Schon am 7. Februar 1895, sie ist gerade eine Woche Erste Tragödin am Burgtheater, feiert sie als Maria Stuart ihren ersten Triumph und widerlegt mit einem Schlag die Behauptung, sie spiele «moderne» Hysterikerinnen wie kaum eine andere, das «Klassische» jedoch könne sie nicht. Gegen eine nach wie vor unfreundliche Presse ankämpfend, welche die große Charlotte Wolter gegen sie ausspielen will, begeistert sie das Publikum in acht verschiedenen Rollen, bevor sie am 9. Oktober 1895 der «Liebelei» zum Siege verhilft. Es ist für den Dichter fast etwas schmerzlich zu erleben, wie Adele Sandrock die Rolle der Christine mit der linken Hand erledigt und ihn scheinbar ohne jede Anstrengung von einem Tag zum andern zu literarischen Ehren bringt.

Nach der «Sensation, eine berühmte zu besitzen», zieht es Schnitzler wieder zurück ins Privatleben. Er schreibt vormittags, arbeitet von 15 bis 17 Uhr in seiner Privatpraxis und erwehrt sich der unablässigen Anstrengungen Marie Glümers, ihn wieder zurückzugewinnen. Er ist nun wirklich davon überzeugt, daß sie ihn liebt. Trotzdem beginnt er mit Marie Reinhard, in den Tagebüchern als Mizzi II verzeichnet, ein festes Verhältnis, von dessen Problematik der Roman «Der Weg ins Freie» schonungslos Rechenschaft gibt. Von Jahr zu Jahr bekannter, und seit dem «Reigen» und «Leutnant Gustl» (beide 1900 publiziert) als Skandalautor heftig angegriffen, bleibt Schnitzler im Hintergrund, wo immer es geht. In der Öffentlichkeit erscheint er nur noch an Premierenabenden, wo er nicht ohne gemessene Feierlichkeit für den Beifall des Publikums dankt.

Erinnern, Wiederholen, Durcharbeiten

Die Frauen um Arthur Schnitzler müssen sich viele Vergleiche gefallen lassen. Nicht nur der Dichter selbst reflektiert beständig, was ihm die jeweilige Geliebte eigentlich bedeutet; in der Literatur über Schnitzler als Liebhaber zerbrechen sich die Autoren den Kopf darüber, welche Leidenschaft Schnitzler wohl am tiefsten gepackt habe. Zwischen Olga Waissnix, Marie Glümer und Marie Reinhard hat die draufgängerische Adele Sandrock einen schweren Stand. Sie gilt als oberflächlich und egozentrisch; was Schnitzler kritisch, und um sich ihrer zu erwehren, an ihr bemerkt hat, wird wiederholt oder vergröbert nachgezeichnet, wenn nicht bagatellisiert. Wie konnte dieser sensible Spezialist für Nuancen auf sie verfallen? Welchen Einschnitt im Leben Schnitzlers die Sandrock aber tatsächlich bedeutete, geht aus einer Aufzeichnung Hugo von Hofmannsthals hervor, der am 30. Dezember 1894 notierte: «Nachts Schnee, im Café Arthur – Über den kommt jetzt das Leben. Er redet über seine Geliebte, die Adele Sandrock. Wie diese Frau für ihn notwendig war, um zur tieferen Wahrhaftigkeit der inneren Anschauung zu gelangen. Diese Frau und der Tod, als Offenbarer des Lebens.» Um wirklich Dichter zu werden, brauchte Schnitzler Adele Sandrock. Der Umgang mit ihr und der Tod des Vaters lassen ihn den Kokon der verlängerten Pubertät abstreifen und einen ungeahnten Zugang zur Realität gewinnen.

Unter den Geliebten Schnitzlers ist sie die einzige selbständige Frau, auf die sich der Dichter eingelassen hat. Olga Waissnix bestätigte ihn in seinen zaghaften Anfangsjahren und bewahrte ihn vielleicht vor frühzeitiger Resignation als Dichter, aber die Sandrock verschaffte ihm die öffentliche Resonanz, die der Dramatiker braucht wie die Luft zum Atmen. Erst durch die Begegnung mit ihr, die ohne den Autor zu kennen vom «Märchen» entzückt ist, tritt er aus dem Schatten seines Vaters heraus, der selbst den Anfang auf dem Theater verdunkelt hatte. Ein Zeitungsartikel hatte diesen scherzhaft «Verfasser eines Lustspieldichters» genannt. Ja, seine erste Aufführung verdankte er überhaupt nur einer Verwechslung mit dem prominenten Professor Johann Schnitzler. Ein Professor Friedrich, Leiter einer Schauspielschule, hatte sich 1891 den «Anatol»-Einakter «Das Abenteuer seines Lebens» zur Aufführung ausgesucht in der Hoffnung, durch den stadtbekannten Arzt besonderen Zulauf zu erhalten. Welch ein Glücksgefühl durchströmte ihn dann bei den «Märchen»-Proben mit Sitz am Regietisch!

Als Geliebter der Adele Sandrock verschmilzt für Schnitzler Liebesleidenschaft mit publikumsüberwältigender großer Kunst. So schenkt er der Geliebten Blumen mit der Bitte, sie während der Aufführung an ihrer Brust zu tragen. Und notiert noch am 11. September 1894, der erste Liebesrausch ist längst vorbei, in sein Tagebuch: «Abend bei der Sündigen Liebe zum 3. Mal. Eindruck: Meisterwerk. Dilly wunderbar – Auf der Bühne ist sie mir sogar als Weib sympathisch; und wenn sie mich ansieht und Zeichen macht, die nur ich bemerken kann, freut es mich.» Eine Woche nach der Trennung ist Schnitzler befriedigt, daß Adele bei der Abschiedsvorstellung am 31. Januar 1895 Signale der Intimität gibt: «Sie spielte mit meinem kleinen Armband und dem Anhängsel (Kleeblatt) dran! Hatte, wie ich glaube, abwechselnd Blumen von meinem Korb.»

Im denkbar schärfsten Kontrast zu diesen Auftritten auf der Bühne stand freilich das Familienleben der Diva, an dem der

Willy und Dilly, die «beiden Canaillen», als Matrosen um 1895.

Liebhaber teilnehmen mußte. Wie tief es ihn gekränkt hat, von der angetrunkenen Sandrock-Mutter unter Beschimpfungen aus dem Bett geworfen zu werden, kommt noch zehn Jahre später zum Ausbruch, als er in dem Einakter «Haus Delorme» wie aus heiterem Himmel mit diesen Familienverhältnissen abrechnet. Die Burleske beginnt mit heftigen Auseinandersetzungen zwischen Mutter und Tochter, die gerade von der Vorstellung nach Hause gekommen ist, über die Solvenz ihrer Liebhaber. Das Abendbrot serviert ein vom Sohn des Hauses geschwängertes Dienstmädchen. Kaum hat sich die Tochter mit ihrem stummen Liebhaber zurückgezogen, tritt der Bruder der Künstlerin mit der freudigen Botschaft herein, daß er sich soeben mit einer Bankierstochter verlobt hat. Mutter und Sohn trinken Champagner und beschließen den Ruf des Hauses zu heben, indem sie den wenig versprechenden Liebhaber der Tochter hinauswerfen.

Komplettiert wird die Handlung durch einen Blitzbesuch des geistesgestörten Vaters, ein großer Herr in schwarzem Gehrock und mit einem roten Bändchen im Knopfloch; er ist nur auf der Durchreise da und pfeift beim Abschied wie eine Lokomotive.

Schnitzler hatte mit diesem Einakter kein Glück. Die Schauspieler von Reinhardts Kleinem Theater (Unter den Linden) sahen mit diesem Anti-Sandrock-Stück ihre Standesehre beleidigt, und schließlich unterblieb durch das Verbot des Oberregierungsrates von Glasenapp, der in Berlin für die Theaterzensur zuständig war, ein für alle Seiten peinlicher Vorgang. Die Sandrock allerdings nahm Schnitzler das Stück nicht übel und erklärte sich sogar bereit, die Rolle in einer Matinee zu spielen.

«Haus Delorme» gehört zu den fragwürdigen Produktionen, die Schnitzler zu Recht nicht in seine Gesammelten Werke aufnahm. Zumindest aber als starkes Indiz dafür, daß sein Verhältnis zur Sandrock nicht die kleine Affäre war, welche die Öffentlichkeit eine Zeitlang beschäftigte, hat es Belang. Dieser Slapstick von einem Einakter beweist, wie präsent Schnitzler noch zehn Jahre später Szenen aus der Zeit mit Adele waren, wie grauenhaft er diese Familie erlebt haben muß. Kaum weniger satirisch erinnert er an die Feier zum 60. Geburtstag der Sandrock-Mutter, das zweite Erlebnis, das er sich durch «Haus Delorme» vom Halse schaffen will. Am 27. Juni 1894 hat Schnitzler akribisch den Verlauf der Familienfeier notiert, die er entschieden unter seinem Niveau findet:

«Dilly abgeholt zu Willy. – Fete zu Ehren des 60. Geburtstages der Mutter. – Vater, ancien Offizier; die Mutter, der Bruder Christel, die Schwester Gastgeberin; – Herr Woegerer (etwa August Witte), der Lebemann, feist Hirsch; ich. – Toast des Alten unter Räuspern und Tränen auf die Mutter. – Zeigt deren ersten, silberumrandeten Brief. Woegerer spricht; wienerisch gemüthlich; – Hirsch eilig, angeblich humoristisch, aufs Familienleben dieser Schauspielerfamilie; der Bruder hübsch, dumm, gut, mit Witzen zu 10 Centimes – Klavier Woegerer und ich. – Tanz. – Dilly beim Klavier knieend, wer immer spielt. – Die schwangere Dienstmagd, Geliebte eines Dr. Spatz, die mittanzt. Dann Dilly, Cigarette im Mund, mit ihrer Mutter, das Champagnerglas in der Hand. – Polizei schickt herauf. – Mißglücktes Gedankenlesen Christels – Neue Toaste. – Vater auf Woegerer. – ‹Ich las das Gedicht dieses Mannes, der nicht Dr. Phil. oder theol. ist – nein, ein biedrer Mann wie ich und ich sagte meiner Frau: Der ist so poetisch wie ich als junger Mann war; dem wird man auch einmal einen Brief mit Silberrand schreiben.› – Christel singt ‹Trompeter› etc., Willy singt. – Woegerer: Bitte, Geburtstagslied und Husch, husch, husch. – Dilly im Schaukelstuhl spricht mir von ihrer Liebe. – Brief Dillys, den der Vater mit hat als 9jährige. – Sie verschwindet. – Man schimpft über die Odilon wegen Unmoral und

143

das Gespräch geht hin, als wären die Mädels Ausbünde der Tugend. – Der Morgen graut. – Der alte erkundigt sich im Nachhausegehn bei mir nach Burckhard.»

Aber auch die Sandrock kommt nach der Trennung von Schnitzler nicht los. *Ihre* literarische Version dieser Liebesbeziehung ist ein Schauspiel in vier Aufzügen, dessen Titel «Vergeltung» Programm ist. Es erschien schon im Jahr 1900 und wurde mit Hilfe des Operettenlibrettisten Robert Eysler verfaßt, ihrem damaligen Liebhaber, der Schnitzlers «Reigen» nach der Lektüre der Szene «Der Dichter und die Schauspielerin» unter dem Beifall der Porträtierten voller Wut auf den Boden geworfen hatte.

In ihrem gutgemachten Stück stellt die Sandrock ihr Privatleben in einer Offenheit zur Schau, daß es einem schier den Atem verschlägt. Keine Niederung ihres Daseins bleibt unangesprochen, eine depressive Leere breitet sich aus, in der die Liebe zu ihren Dackeln der einzige Trost der Schauspielerin bleibt. Die auf der Ottomane empfangende Diva ist total bankrott und kann sich der Besucher – sämtlich Gläubiger – kaum erwehren. Familiärer Druck kommt hinzu: eine unausstehliche Mutter, die nicht nur lamentiert und intrigiert, sondern auch noch unangemeldet ihren Kopf zur Tür reinsteckt, wenn sich die Tochter im Tête-à-tête mit ihrem Geliebten befindet. Lia Gialotti, das Selbstporträt der Sandrock, ist aber durchaus keine verfolgte Unschuld wie Lessings Emilia Galotti, sie weiß sich ihrer Haut zu wehren und behandelt ihre Umwelt nicht mit Samthandschuhen. Der Liebhaber und ihre Gesellschafterin leiden unter ihrem rüden Umgangston. Verglichen mit ihrer Kaltschnäuzigkeit gegenüber dem dramatischen Dichter Mayer, der ihr ein Stück überreicht – sein bestes –, zeigt Wedekinds Kammersänger Gerardo in einer ähnlichen Situation geradezu philanthropische Anwandlungen.

Wie in der «Kameliendame» heißt der attraktive, aber

Vergeltung.

Schauspiel in vier Aufzügen

von

Adele Sandrock und Robert Eysler.

———>‖<———

Zum Nimbus der Diva gehörte auch der Auftritt als Autorin. Sarah Bernhardt schrieb zwei Dramen. Adele Sandrocks «Vergeltung» ist die literarische Version ihrer Liebe zu Arthur Schnitzler.

schwache Liebhaber Alfred. Im Kontrast zu seinem Vorgänger bei der Diva, einem ungarischen Husarenrittmeister und
richtigen Mann, ist der sensible Diplomat ein ausgesproche-
ner Waschlappen und ganz vom Willen seiner Mutter, einer
Gräfin Liebenau, abhängig. Bescheiden und von Melancho-
lie umflort, begeistert er sich voller Zartgefühl für die Kunst.
Er ist einsam, weil das Leben so nüchtern ist, und sucht bei
der Künstlerin nach Verständnis. Durch sein sanftes Wesen
hat er das Herz der Diva gewonnen, die durch diese Liebe
aus einer tiefen Depression zu neuem Leben erwacht. Wie
Schnitzler ist Alfred klein an Gestalt, elegant gekleidet, besonders hervorgehoben werden die Locken, die Zierlichkeit
der Hände und die ausdrucksvollen Augen, die sich unverse-
hens mit Tränen füllen, wenn er sich von den raschen Worten der Schauspielerin verletzt fühlt.

Als die Diva ihren Geliebten an eine reiche Grundbesit-
zertochter, jung, hübsch und nicht auf den Kopf gefallen, zu
verlieren droht, greift sie zur Pistole in ihrem Handtäsch-
chen. Aber nicht etwa um sich durch Selbstmord zur Märtyrerin ihrer Liebe zu machen, wie sie es Schnitzler als Dra-
menschluß zu «Märchen» vorschlug, sondern um den untreuen Geliebten zu erschießen und ihn so wenigstens im
Tode zu besitzen. Die Mutter von der Leiche ihres Sohnes
wegstoßend, erhebt sich die Heldin am Schluß triumphie-
rend über die Katastrophe: «Mein ist er! Nur ich hab' ihn
wahrhaft geliebt!»

In Wirklichkeit entwickelte sich die Beziehung zwischen
der Sandrock und dem Dichter weit weniger ambivalent.
Man schreibt sich bisweilen und spricht miteinander, wenn
man sich sieht. Schnitzler bemüht sich, einträchtig zusammen mit Hermann Bahr und Felix Salten, der notleidenden
Schauspielerin wieder ein Engagement am Burgtheater zu
verschaffen. Endlich ist es Ende 1911 beinahe geglückt, als
Adele in Wien auf einer Kleinstbühne mit der «Medea» des
Euripides ein rauschendes Comeback feiert. Als sie sich aber

wegen nicht gezahlter Gage am letzten Spieltag weigert aufzutreten und sie das Bühnenschiedsgericht anruft, zieht das
Burgtheater die Vertragszusage wieder zurück, da die Direktion ein derartiges Verhalten nicht dulden kann.

Und dennoch ist mit «Haus Delorme» für Schnitzler das Ka-
pitel Sandrock nicht erledigt. Bis zum Ende seines Lebens
arbeitet er mit ziemlich gemischten Gefühlen an einem
komplizierten Drama mit zahlreichen Personen und wech-
selnden Milieus, das sich um nichts anderes als die Uraufführung des «Märchen» dreht. Es gibt viel Theater auf dem
Theater, Szenen mit unkonzentrierter Probenarbeit rücken
das alte Stück in ein gnadenlos helles Licht. Ein avantgar-
distisches Experiment mit verschiedenen Simultaneitäts-
ebenen wie bei Pirandellos «Sechs Personen suchen einen
Autor» (1921) kündigt sich an; aber die Entwürfe häufen
sich, insbesondere die Schlußszenen. Schnitzler kann sich
nicht entscheiden und bringt den Komplex nicht mehr zusammen. Die Handlung spielt nun in den zwanziger Jahren,
die auch ihn die weibliche Sexualität anders sehen lassen als
vor 1914. Trotzdem kommt er von dem alten Stoff nicht los,
der ihn als «Zug der Schatten» bedrängt – so nennt er das
Projekt schließlich. Am 15. August 1930, etwa ein Jahr vor
seinem Tode, schreibt er an Susanne Clauser, seine französische Übersetzerin, unwillig: «Man braucht nicht einmal
Freud zu sein, um meine Beziehung zu dem Stück so aufzu-
fassen, als wäre es das rechte und richtige, den ganzen Zug
der Schatten zum Teufel zu jagen.»
    Andererseits genießt Schnitzler aber auch den spieleri-
schen Umgang mit dem Stoff. Durch Figurenzerlegungen
gibt er ihm neue Facetten, nicht selten mit blitzender Ironie.
So spaltet er den Autor des «Märchen» in den erfolgreichen
Bühnenschriftsteller Karl Bern, der sein neues Werk für alt-
modisch hält und bei den Proben für jede Veränderung
dankbar ist, und den gerade niedergelassenen Arzt Richard

Fricke, der, selbst in Eifersucht verstrickt, sich mit Fedor Denner identifiziert. Im Beisein übelgelaunter Schauspieler, die der Premiere voll schlimmer Vorahnungen entgegensehen, setzen die beiden sich bei einer Partie Schach auseinander.

Die Konkurrenz von Marie Glümer und Adele Sandrock wird nun auf offener Bühne ausgetragen. Die launische Roveda, die den Ruf besitzt, daß sie «schon zum Frühstück einen Autor zu sich nimmt, wenigstens wenn er jung ist», wird von der kleinen Schauspielerin Franzi Friesel, die zuvor nur für die Rolle der Emmi vorgesehen war, bei den Proben als Hauptdarstellerin verdrängt. Allerdings dauert Franzis Triumph, die Fanny Theren zu spielen, nur bis zum Weg nach Hause. Richard Fricke trennt sich guten Gewissens von ihr unmittelbar danach, weil er sie auf dem Weg in eine große Karriere vermutet; zwei Tage später vergiftet sich Franzi während der Premiere und bricht auf der Bühne tot zusammen. Durch ihren Selbstmord gibt sie dem Drama den tragischen Schluß, den die Sandrock Schnitzler einst für das «Märchen» vorschlug, um zu beweisen, daß sich eine «Gefallene» doch aus Liebe umbringt, wenn man sie verläßt. Dieser späte Sieg Adeles über den Widerstand des Dichters, eine Gefallene zur Märtyrerin werden zu lassen, läßt im Stück die Roveda obsiegen, die nach dreimaligen Proben wieder als Fanny Theren die Bühne beherrscht. Theater über Theater.

Die Sandrock aber trägt Schnitzler nichts nach. Sie weiß, was sie an ihm hatte. Am 6. Februar 1929 stand wie wieder einmal als Herzogin von Berwick auf der Bühne des Kleinen Theaters Unter den Linden, als ihr in der Pause ein Strauß Rosen mit einem Brief Arthur Schnitzlers in die Garderobe gebracht wird. «Sichtlich aufgeregt kam sie auf die Bühne», erinnerte sich Hubert von Meyerinck: «‹Schnitzler ist da!›

Dann eilte sie zum Guckloch im Vorhang und prallte zurück: ‹O Gott!› seufzte sie, ‹ist der alt geworden!›»

Ihr Kondolenzbrief an den Sohn Heinrich Schnitzler nur einen Tag nach Arthurs Tod setzt ihr anhaltendes Werben um den Dichter fort – jetzt ist es Fürsorge für den Sohn. Daß ihr dabei unterderhand das Beileidschreiben in eine Wohnungsofferte zu entgleiten droht, kümmert die große Künstlerin wenig, die in ihrem Privatleben ebenso souverän chaotisch war, wie auf der Bühne in jedem Detail penibel.

Am 1. November 1931

Lieber, sehr geehrter Herr Heinrich Schnitzler,

bis zum heutigen Tag war es mir noch nicht möglich, einige ruhige Gedanken zu fassen, über den unersetzlichen Verlust Ihres von mir so hochverehrten Herrn Vaters. So spreche ich Ihnen heute mein tiefstes inniges Beileid aus, und wenn es auch für einen solchen Schmerz keinen Trost gibt, so können Sie sich doch daran aufranken, daß ganz Österreich und Deutschland um diesen herrlichen Dichter trauert. Mich, die ich das Glück hatte, die Anfänge seiner Dichterlaufbahn mitzuerleben, hat sein Heimgang besonders schmerzlich berührt. Da ich mir gut vorstellen kann, wie sehr Sie jetzt der Ruhe bedürfen und ich von Frau Dernburg, bei der Sie jahrelang wohnten, hörte, wie sehr Sie Ruhe schätzen und suchen, erlaube ich mir, Sie auf eine möblierte Wohnung aufmerksam zu machen, wo Sie alles in einer Villa im Grunewald, Königsallee 45 bei Frau Dr. Hirschberg, in herrlichem Garten und am See gelegen, finden. Wohnung und Garten sind bezaubernd. Jedenfalls wäre es sehr ratsam, da so etwas selten zu haben ist, sich die Wohnung anzusehen.

Nur die Arbeit kann uns über solche schwere Schicksalsschläge hinweghelfen. Indem ich Ihnen mehrmals die Versicherung meiner innigsten Teilnahme gebe, verbleibe ich

mit schmerzlichem Gruß
Adele Sandrock

Literaturhinweise und Danksagung

Der Darstellung liegen zugrunde: Renate Wagner, «Adele Sandrock und Arthur Schnitzler. Geschichte einer Liebe in Briefen, Bildern und Dokumenten». Wien–München 1975; Schnitzlers Tagebuch 1879–1922, hg. von der Österreichischen Akademie der Wissenschaften, Wien 1987 f; und Schnitzlers Briefe 1875–1931 in zwei Bänden, Frankfurt am Main 1981 und 1984, sehr sorgfältig kommentiert. Als Quelle für Adele Sandrock bin ich der Biographin Jutta Ahlemann verpflichtet, die 1988 «‹Ich bleibe die große Adele.› Die Sandrock» publizierte; Sandrock-Zitate, soweit nicht dem Briefwechsel mit Schnitzler entnommen, stammen aus diesem Buch. Amüsant zu lesen ist auch ihre Anekdotensammlung «Adele Sandrock. Geschichten eines Lebens», München–Wien 1987.

Hilfreich für dieses Buch waren auch: «Arthur Schnitzler. Sein Leben. Sein Werk. Seine Zeit», hg. von Heinrich Schnitzler, Christian Brandstätter und Reinhard Urbach, Frankfurt am Main 1981; Ulrich Weinzierl, «Arthur Schnitzler. Lieben, Träumen, Sterben», Frankfurt am Main 1994; sowie der Ausstellungskatalog «Jugend in Wien», hg. vom Deutschen Literaturarchiv Marbach 1974. Aufschlußreich für die Rolle der Schauspielerinnen in der Gründerzeit und um die Jahrhundertwende ist: «Die Schauspielerin. Zur Kulturgeschichte der weiblichen Bühnenkunst», hg. von Renate Möhrmann, Frankfurt am Main 1989.

Herrn Reinhard Urbach in Wien bin ich außerordentlich dankbar für die Zusendung einer Fotokopie des Sandrock-

Dramas «Vergeltung». Frau Heike Varekamp in Blaricum war so freundlich, Informationen über die holländische Zeit von Nans ten Hagen, der Mutter Adele Sandrocks, zu übermitteln, Herrn Dr. Alexander Böhle und Elke Böhle-Neugebauer danke ich für Ratschläge und Korrekturen. Frau Dr. Inka Bach danke ich den Kontakt zum Verlag und Vorschläge zum Text, denen ich gerne folgte.

Berlin, den 20. August 1996

Friedrich Rothe

Bildnachweis

In loser Folge erscheint eine Reihe ganz besonderer Biographien bei rororo: Lebensgeschichten aus dem Alltag, in denen sich das Zeitgeschehen auf eindrucksvolle Weise widerspiegelt.

Helen Colijn
Paradise Road *Eine Geschichte vom Überleben*
(rororo 22146)

Friedrich Dönhoff /
Jasper Barenberg
Ich war bestimmt kein Held *Die Lebensgeschichte von Tönnies Hellmann, Hafenarbeiter in Hamburg Mit einer Einleitung von Marion Gräfin Dönhoff*
(rororo 22245)
Seit Jahren korrespondieren Gräfin Dönhoff und Tönnies Hellmann miteinander. Denn so kraß der Klassenunterschied zwischen ihnen, so verbindend ist die Erfahrung des Widerstands gegen den Nationalsozialismus.
Hellmann war Kommunist, Mitglied der Bästlein-Gruppe, wurde von der Gestapo verfolgt, war als Kriegsgefangener in Sibirien.

Anne Dorn
Geschichten aus tausendundzwei Jahren *Erinnerungen*
(rororo 13963)

Jean Egen
Die Linden von Lautenbach *Eine deutsch-französische Lebensgeschichte*
(rororo 15767)

Melissa Green
Glasherz *Eine Kindheit*
(rororo 22362)

Eva Jantzen /
Merith Niehuss (Hg.)
Das Klassenbuch *Geschichte einer Frauengeneration*
(rororo 13967)
Fünfzehn Frauen aus Erfurt führten seit ihrem Abitur im Jahre 1932 ein Tagebuch, in das reihum jede von ihnen Erlebnisse und Gedanken über ihr Leben schrieb. Dieses «Klassenbuch» führt aus zeitgenössischer Perspektive durch die Kriegs- und die Nachkriegszeit des geteilten Deutschlands bis ins Jahr 1976 und schildert die sehr privaten, aber gleichzeitig auch typischen Frauenschicksale.

Tracy Thompson
Die Bestie *Überwindung einer Depression*
(rororo 22396)

Ein Gesamtverzeichnis aller bereits lieferbaren Titel dieser Reihe finden Sie in der *Rowohlt Revue.* Vierteljährlich neu. Kostenlos in Ihrer Buchhandlung.

Rowohlt im Internet:
http://www.rowohlt.de

Heinrich Maria Ledig-Rowohlt hatte eine Schwäche für Bücher, «die sich ohne Mühe so weglesen». So fanden sich in seinem Verlag neben den zahlreichen literarischen Entdeckungen auch Perlen der vergnüglichen und entspannten, aber auch der gefühlvollen Lektüre. Kein Wunder, daß die Leser seinem Spürsinn vertrauten und so manchem dieser Werke zu Bestseller-Ehren verhalfen. Ausgewählte Taschenbücher zum Jubiläum:

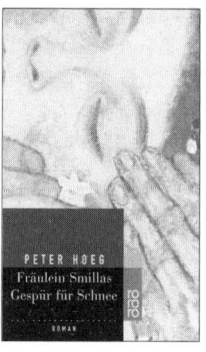

Paul Auster
Die New York-Trilogie *Roman*
(rororo 22501)

T. Coraghessan Boyle
Wassermusik *Roman*
(rororo 22505)

Simone de Beauvoir
Memoiren einer Tochter aus gutem Hause
(rororo 22507)

Wolfgang Borchert
Das Gesamtwerk
(rororo 22509)

Rita Mae Brown
Jacke wie Hose *Roman*
(rororo 22513)

Hans Fallada
Kleiner Mann – was nun?
Roman
(rororo 22510)

Peter Høeg
Fräulein Smillas Gespür für Schnee *Roman*
(rororo 22502)

Elke Heidenreich
Kolonien der Liebe
Erzählungen
(rororo 22514)

John Irving
Garp und wie er die Welt sah
Roman
(rororo 22504)

Klaus Mann
Mephisto *Roman*
(rororo 22512)

Harry Mulisch
Die Entdeckung des Himmels
Roman
(rororo 22503)

Robert Musil
Die Verwirrung des Zöglings Törleß
(rororo 22511)

Rosamunde Pilcher
September *Roman*
(rororo 22515)

Jean-Paul Sartre
Der Ekel *Roman*
(rororo 22508)

Carola Stern
Der Text meines Herzens *Das Leben der Rahel Varnhagen*
(rororo 22506)

rororo Literatur

3670/1

Literatur für KopfHörer

Wer nicht lesen will, kann hören - eine Auswahl von Rowohlt's Hörcassetten:

Simone de Beauvoir
Eine gebrochene Frau
Erika Pluhar liest
2 Toncassetten im Schuber
(66012)

Wolfgang Borchert
Erzählungen
Marius Müller-Westernhagen liest
Die Hundeblume. Nachts schlafen die Ratten noch. Die Küchenuhr. Schischyphusch
1 Toncassette im Schuber
(66011)

Albert Camus
Der Fremde
Bruno Ganz liest
3 Toncassetten im Schuber
(66024)

Truman Capote
Frühstück bei Tiffany
Ingrid Andree liest
3 Toncassetten im Schuber
(66023)

Roald Dahl
Küßchen, Küßchen!
Eva Mattes liest
Die Wirtin. Der Weg zum Himmel. Mrs. Bixby und der Mantel des Obersten
1 Toncassette im Schuber
(66001)

Louise Erdrich
Liebeszauber
Elisabeth Trissenaar liest
Die größten Angler der Welt
2 Toncassetten im Schuber
(66013)

Elke Heidenreich
Kolonien der Liebe
Elke Heidenreich liest
1 Toncassette im Schuber
(66030)

Jean-Paul Sartre
Die Kindheit des Chefs
Christian Brückner liest
3 Toncassetten im Schuber
(66014)

Henry Miller
Lachen, Liebe, Nächte
Hans Michael Rehberg liest
Astrologisches Frikassee
2 Toncassetten im Schuber
(66010)

Vladimir Nabokov
Der Zauberer
Armin Müller-Stahl liest
2 Toncassetten im Schuber
(66005)

Kurt Tucholsky
Schloß Gripsholm
Uwe Friedrichsen liest
4 Toncassetten im Schuber
(66006)

rororo

rororo Toncassetten werden produziert von Bernd Liebner. Ein Gesamtverzeichnis der Reihe finden Sie in der *Rowohlt Revue.* Jedes Vierteljahr neu. Kostenlos in Ihrer Buchhandlung.